▶ DAGMAR SCHMIDT

Longieren – sinnvoll und richtig

KOSMOS ratgeber

Inhalt

Gutes Longieren ist Gymnastik

Die Natur hat den Reiter nicht eingeplant **5**

Huckepack: Ergonomisches Tragen **6**

Gymnastizierende und heilsame Longenarbeit **8**

Die richtige Ausrüstung

Nur hiermit ist's sinnvoll:
Der Kappzaum **11**

Wie beim Reiten:
Die Trense und andere Zäumungen **14**

Große Auswahl: Die Peitsche **16**

Zur Gewöhnung und für Hilfszügel:
Longiergurt oder Sattel **17**

Ausbinder müssen sein **18**

Nicht zu empfehlen:
Der Halsverlängerer **18**

Mit Vorsicht zu verwenden:
Der Schlaufzügel **19**

Für Sternengucker: Das Chambon **20**

Der Gogue **20**

Der geeignete Ort zum Longieren **21**

Die Hilfen beim Longieren

Zaubermittel Stimme **23**

Körpersprache:
Haltung und Position **24**

Unsere Verbindung mit dem Pferd:
Die Longe **26**

Zur Unterstützung: Die Peitsche **28**

Longieren – sinnvoll und richtig

Vorbereitungen **31**

Das Pferd auf den Zirkel hinausschicken **32**

Gar nicht so einfach:
Der gleichmäßig runde Zirkel **33**

Gas und Bremse:
Treiben und Verlangsamen **34**

Stoppen eines Supertankers:
Das Anhalten **35**

Andersherum: Handwechsel **36**

Statt Zügel: Ausbinder **38**

Die Grundgangarten **39**

Wenn das Pferd mehr Gänge hat:
Tölt und Pass an der Longe? **44**

Und immer wieder: Übergänge,
Übergänge, Übergänge **45**

Anlehnung und Anlehnungsfehler **46**

Kleine und große Runden:
Zirkel verkleinern und vergrößern **50**

Nur für schnelle Leute:
Auf der ganzen Bahn arbeiten **51**

Für mehr Aktion:
über Stangen traben lassen **52**

Zur Abwechslung:
Longieren über Trailhindernisse **53**

**Wir fangen an –
Anlongieren eines Jungpferdes**

Alter und Entwicklungsstand **55**

Die Basis: Der Zirkel, Übergänge
und Anhalten **56**

Noch mehr Neues:
Kennenlernen von Gurt und Sattel **59**

Serviceteil

Zum Weiterlesen **62**

Nützliche Adressen **62**

Register **63**

Gutes Longieren ist

Gymnastik

Pferde in freier Bewegung zu beobachten ist faszinierend. So kraftvoll, locker und geschmeidig soll auch der Ritt sein. Pferde sind von Natur aus jedoch nicht dafür geschaffen, geritten zu werden. Longieren ist eine gute Möglichkeit, das Reitpferd vorzubereiten, zu gymnastizieren und zu trainieren.

Die **Natur** hat den **Reiter** nicht eingeplant

Der Reiter sitzt auf dem Rücken des Pferdes. Sattel, Kleidung und noch Gepäck ergeben ein erhebliches Gewicht, das das Pferd tragen muss. Damit unser Reitpferd diese Belastung des Rückens, der empfindlicher ist, als man es vermutet, unbeschadet übersteht, muss es lernen, seinen Reiter richtig und ergonomisch zu tragen. Dies ist die Verantwortung des Ausbilders und Reiters. Der Rücken ist einer Hängebrücke vergleichbar, mit den Vorder- und Hintergliedmaßen als Stützpfeiler.

Die Brust- und Lendenwirbelsäule ist von Natur aus leicht nach oben aufgewölbt. Zwischen dem Widerrist und der Kruppe ist sie jedoch eher flach und erscheint sogar nach unten abgesenkt. Dies wird durch die langen nach oben gerichteten Dornfortsätze der Wirbelkörper am Widerrist hervorgerufen, also der ersten Wirbel der Brustwirbelsäule, die alle leicht nach hinten geneigt sind.

Die Aufwölbung der Brust- und Lendenwirbelsäule macht den Rücken tragfähig, was durch ein horizontales Zugband unterstützt wird. Dieses wird Nacken-Rücken-Band oder kurz Nackenband genannt und besteht aus großen und langen Muskelpartien. Elastisch wird damit die Bespannung der Hängebrücke gebildet.

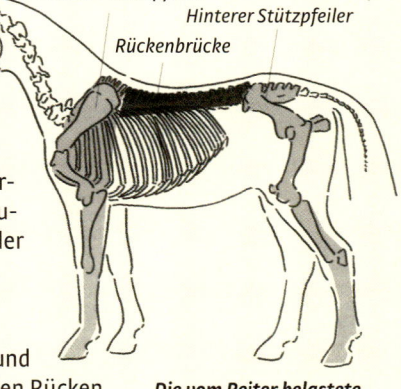

Die vom Reiter belastete Rückenbrücke wird aus der Brust- und Lendenwirbelsäule gebildet.

Gymnastik für das Reitpferd

Gymnastik für das Reitpferd

Anlehnungsfehler: Das Pferd geht über dem Zügel, tritt kaum unter. Korrektur über kürzere Ausbinder und vermehrtes Treiben.

*Entspannte Vorwärts-abwärts-Dehnungshaltung: Das Pferd tritt von hinten weiter unter, der Unterhals ist locker, das Pferd geht durch das Genick.
Für bessere Anlehnung sollten die Ausbinder verkürzt werden.*

Huckepack:
Ergonomisches Tragen

Ohne entsprechendes Training der Muskeln des Rückens biegt sich die Hängebrücke bei Belastung durch ein Reitergewicht nach unten. Der Rückenmuskel zieht sich zusammen, die Rückenbrücke wird starr. Das Pferd macht ein Hohlkreuz. Es drückt den Unterhals vor, stellt die Hinterbeine nach hinten heraus.
Der Rückenmuskel verspannt sich allmählich immer mehr und Geschmeidigkeit und Losgelassenheit der Bewegungen des Pferdes sind beeinträchtigt. Bei fortwährendem Absenken der Rückenbrücke nähern sich die nach oben gerichteten Dornfortsätze immer mehr an, bis sie sich sogar berühren. Man spricht von den sehr schmerzhaften „Kissing Spines".

Sinnvolles Training
Dem Pferd muss im Verlauf seiner Ausbildung zum Reitpferd beigebracht werden, die Rückenbrücke kraftvoll und locker aufgewölbt zu halten, wenn es einen Reiter trägt.
Es entwickelt die Kraft, bei entsprechender An- und Entspannung der

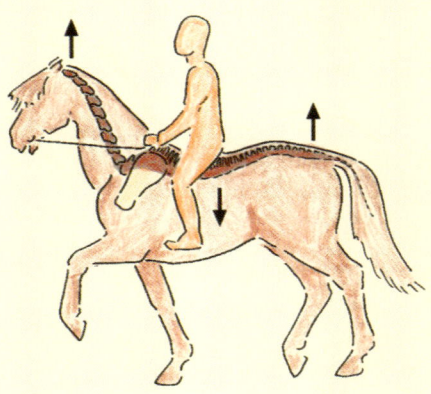
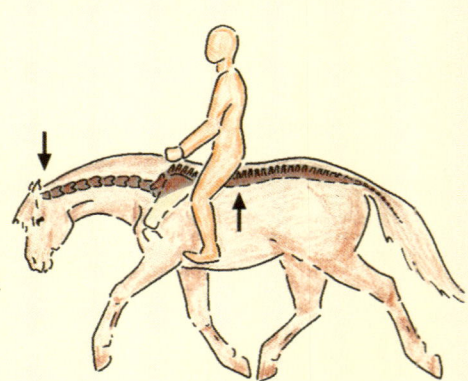

LINKS: *So nicht: Mit vorgeschobenem Unterhals und weggedrücktem Rücken kann das Pferd nicht locker und schwungvoll laufen.*

RECHTS: *Um den Reiter auf Dauer unbeschadet tragen zu können, muss das Pferd lernen, diesen mit aufgewölbtem Rücken „huckepack" zu nehmen – wie ein Wanderer seinen Rucksack.*

Check

Rückenschmerzen als Ursache!

- ◯ Unruhe, Beißen, Wegtreten beim Berühren der Sattellage oder beim Satteln, Hektik beim Aufsteigen des Reiters.
- ◯ Gesprungene, unharmonische Übergänge in eine andere Gangart.
- ◯ Undefiniertes und wiederkehrendes Lahmen.
- ◯ Die Hinterbeine laufen steif hinterher. Das Pferd kann nicht untertreten, vermeidet die Lastaufnahme mit den Hinterbeinen.
- ◯ Häufiges Kopfschlagen, Wegreißen der Zügel, Verkriechen hinter dem Zügel, Vordrücken des Unterhalses.
- ◯ Das Pferd ist enorm triebig, will nicht vorwärts gehen.
- ◯ Im Trab oder Galopp stürmt es wie von Sinnen davon, mit durchgedrücktem Rücken und hoch erhobenem Kopf.
- ◯ Beim Leichttraben wird der Reiter vom Pferd permanent auf den gleichen Hinterfuß umgesetzt.
- ◯ Mühsames Angaloppieren; anschließend rast das Pferd los oder verfällt sofort wieder in einen holprigen Trab.
- ◯ Brettartiger Galopp, klingt wie ein unrhythmisches Stampfen, für den Reiter extrem schwer zu sitzen
- ◯ Starr schief gehaltener Schweif, nicht in der Bewegung pendelnd oder ständig unruhig schlagend.
- ◯ Verkrampfte und stoßartige Atmung des Pferdes: Es schnaubt auch nach längerem Reiten nie wohlig entspannt ab.

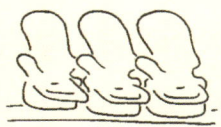

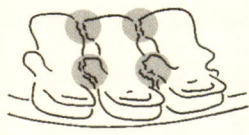

„Kissing Spines": Im Bereich der Rückenbrücke berühren sich einige Dornfortsätze, nachdem das Pferd lange Zeit falsch mit weggedrücktem Rücken geritten wurde. Zunächst entstehen schmerzhafte Entzündungen, danach Verknöcherungen.

Ergonomisches Tragen

Der Hannoveraner geht korrekt durch das Genick, findet Anlehnung an der Trense, wölbt den Rücken auf und tritt gut unter.

Entspannte Vorwärts-abwärts-Dehnungshaltung: Der Andalusier wölbt den Rücken auf. Anlehnung erhält er durch den Ausbinder.

Bauchmuskeln den Rückenmuskel locker schwingen zu lassen.
Um den Rückenmuskel locker zu lassen, gibt das Pferd im Genick nach. Man sagt: Es geht durch das Genick. Die Stirn-Nasen-Linie befindet sich an der Senkrechten – nicht weit davor und keinesfalls dahinter.
Der Rückenbogen wird gespannt und aufgewölbt durch die Anlehnung vorne an das Trensengebiss und das Treiben von hinten, was bewirkt, dass das Pferd mit den Hinterbeinen schwungvoll weit unter sich tritt.
Es findet eine wechselseitige An- und Entspannung des Rücken- und des Bauchmuskels rechts und links statt. Bei gutem Training des Pferdes in korrekter Haltung ist die jeweilige Anspannung des Bauchmuskels als Linie am Bauch erkennbar, etwa eine Handbreit über der unteren Bauchlinie. Der schwingende, sich abwechselnd an- und entspannende Rückenmuskel ist hinter dem Sattel im Lendenbereich sichtbar, sobald dieser Muskel durch konsequentes Training ein gewisses Volumen erreicht hat.

Gymnastizierende und heilsame *Longenarbeit*

Vorbereitung auf das Reiten
Das Pferd muss während der vorbereitenden Ausbildung an der Longe lernen, in korrekter Haltung zu gehen. Man kann das Pferd nicht in diese Haltung hineinzwingen, man muss es sie als angenehm empfinden lassen und daraus die Rücken- und Bauchmuskulatur allmählich trainieren.
Durch Übung wird das erreicht: mit der passenden Ausrüstung und gutem, sinnvollem, geduldigem Training, ohne das Pferd zu überfordern. Für die Gymnastizierung in der korrekten Haltung muss das Pferd vorne eine Anlehnung haben, als Stütze, um den Rückenbogen nach oben aufzuwölben. Das wird nur durch Longieren mit Trense und Ausbindern erreicht. Die Ausbinder ersetzen die Zügel in der weichen Hand des Reiters. Die Stirn-Nasen-Linie soll sich leicht an der Senkrechten befinden. Entsprechend ist die Länge der Ausbinder zu wählen. Der Schub der Hinterhand soll locker und ungehindert

Hier ist der kräftige Oberhalsmuskel der Stute gut zu erkennen. Der Unterhalsmuskel ist dagegen locker.

die trainierte Rücken- und Bauchmuskulatur, um den Reiter wieder zu tragen. Ohne entsprechendes Training bildet sich diese, von der Natur eigentlich nicht gebrauchte, Muskulatur über einen längeren Zeitraum zurück.

über den schwingenden Rücken bis in das Maul des Pferdes gelangen, ähnlich einer Welle. Dazu muss das Pferd so getrieben werden, dass es fleißig und schwungvoll weit unter sich tritt. Das Pferd lehnt sich am Gebiss an, gibt dem Druck des Trensengebisses im Genick nach und kaut am Gebiss. Dabei entspannt es sich allmählich, was sich durch zufriedenes Schnauben äußert, aber auch in einem natürlich und gerade getragenen Schweif, der mit der Bewegung pendelt. Ein Nebeneffekt ist, dass der Unterhalsmuskel locker bleibt, der Oberhals- und der Rückenmuskel werden dagegen trainiert und gekräftigt. Zum Aufwölben des Rückens spannt das Pferd seine Bauchmuskulatur an.

Neuer Anfang nach langer Pause

Auch nach einer Arbeitspause von mehreren Wochen wird das Pferd zunächst an der Longe trainiert, bis es wieder fit für die Belastung durch den Reiter ist. Meist setzt man fast wieder da an, wo der Ausbildungsstand des Pferdes vor der Pause war. Es fehlt nur

Wichtig

Bei Rückenschmerzen: Immer Diagnose und Kontrolle durch den Tierarzt

▶ Wenn bei einem Pferd der Verdacht besteht, dass es möglicherweise Rückenschmerzen hat, so sollte immer auch eine gründliche Untersuchung durch einen erfahrenen Tierarzt erfolgen. Möglicherweise wird er die Wirbelsäule röntgen, um zu erkennen, ob beginnende „Kissing Spines" vorliegen. Unter Umständen haben die Probleme jedoch auch andere Ursachen, wie zum Beispiel beginnenden Spat, Sehnenprobleme, Arthrose oder einen bisher unerkannten Hüftschiefstand.

▶ Liegen Rückenschmerzen aufgrund von Verspannungen vor, so wird das Pferd in den meisten Fällen zunächst im Bereich der Rückenmuskulatur schmerzfrei gemacht: durch Infusion, Spritzen, Medikamente oder auch Akupunktur.

▶ Solange die Schmerzstillung anhält, muss über vorsichtige Arbeit an der Longe erreicht werden, dass das Pferd es wieder wagt, sich wohlig und entspannt zu dehnen und locker über den Rücken zu gehen. Wie ein Mensch mit Rückenschmerzen hat sich nämlich auch ein Pferd möglicherweise eine ungünstige Schonhaltung angewöhnt. Meist dauert die Longenarbeit so lange, bis das Pferd es wieder wagt und in der Lage ist, rund und ruhig auf dem Zirkel zu galoppieren. Ein bis zwei Monate Zeit mit sehr regelmäßiger, guter Longenarbeit können dabei vergehen.

Die richtige

Ausrüstung

Wenn man wirklich gern und häufig longieren möchte, dann gehört dazu eine gute Ausrüstung: praktisch, leicht handhabbar, gut verarbeitet und variabel passend auch für unterschiedliche Pferdetypen. Sparen lässt sich daran meist nicht, aber auf Dauer macht sich die Investition bezahlt.

Nur hiermit ist's sinnvoll: Der Kappzaum

Der Kappzaum ist mit der wichtigste Teil der Ausrüstung. Eine fachkundige Ausbildung mit präziser und feiner Hilfengebung ist (fast) nur damit zu erreichen. Man hakt die Longe im mittleren Ring am steifen Nasenbügel auf der Nase des Pferdes ein. Dieser Ring ist auf einem kleinen Steg angebracht. Ein Vibrieren der Longe durch das Bewegen eines Fingers darauf führt hier zu einem leichten Klingeln. Bei sorgsam trainierten Pferden reicht das, um Aufmerksamkeit zu fördern, zu beruhigen oder das Tempo zu verlangsamen. Die Hilfen des Longierers werden so exakt auf den Nasenrücken übertragen und das Pferdemaul geschont.

Spanischer Kappzaum, Serreta
Der spanische Kappzaum ist recht simpel konstruiert und daher einfach zu handhaben. Das Genick- und die Backenstücke haben meist nur eine Schnalle auf der linken Seite, um die Höhe des Nasenbandes zu variieren. Eine Verschnallung der Backenstücke unter den Ganaschen verhindert das Verrutschen der Backenstücke Richtung Auge. Stirn- und Kehlriemen fehlen häufig.
Der Nasenbügel ist einem flachen gerundeten U-Eisen vergleichbar. Die beiden Kanten der offenen U-Seite liegen am Kopf des Pferdes an. Die geschlossene Seite ist außen. Teilweise sind die Kanten leicht gezackt. Obwohl das Nasenband meist durchgängig starr ist, passt es auf die meisten

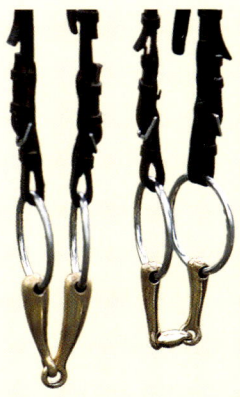

Für das Longieren geeignete Trensengebisse. Einfach oder doppelt gebrochen – wie es dem Pferd am besten gefällt.

Der Kappzaum

Die richtige Ausrüstung

Leicht handhabbare, gute Ausrüstung: Trense ohne Stirn- und Nasenriemen, spanischer Kappzaum mit Nasenschoner.

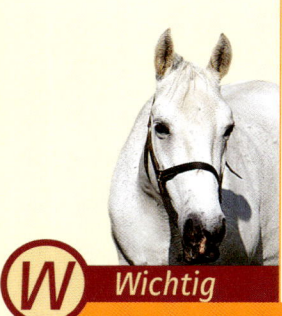

Pferdenasen recht gut. Variabler sind spanische Kappzäume mit drei artikulierten Teilen.
In Spanien wird die Serreta teilweise mit völlig ungepolstertem, scharf gezacktem Nasenbügel benutzt. Extrem stramme und zu hohe oder zu tiefe Verschnallung verursachen unschöne Narben. Die Köpfe spanischer Pferde zeugen teilweise von dieser grausamen Behandlung. Diese Art der Anwendung der Serreta ist Tierquälerei und wird hier nicht empfohlen!
In Deutschland werden Serretas vom Fachhandel für spanisches Reitzubehör angeboten. Der Nasenbügel ist meist mit Leder ummantelt. Zur leichten Polsterung empfiehlt sich zusätzlich ein fellartiger Nasenschoner, wie er auch bei Nasenriemen an Trensen verwendet wird. Durch seinen Klettverschluss lässt er sich sicher um die Ringe des Bügels befestigen.

W Wichtig

Plädoyer für den Kappzaum
Stürmische oder ungehorsam tobende Pferde können mit einem Kappzaum besser zur Disziplin zurückgeführt werden. Meist muss ein Pferd nur einmal die Wirkung des Kappzaums etwas deutlicher zu spüren bekommen, damit anschließend ein feines Zupfen oder Klingeln der Longe am Kappzaum als Erziehungsmaßnahme ausreicht. Das Pferd lernt so Gehorsam und Aufmerksamkeit zum Longenführer als Grundvoraussetzung für feine Kommunikation.

Der spanische Kappzaum wird etwa zwei Fingerbreit unterhalb des Jochbeines verschnallt: Je tiefer, umso schärfer ist die Wirkung! Der Kinnriemen muss stramm angezogen werden, damit das Nasenband nicht auf der Nase herumrutscht.

(Deutscher) Kappzaum

Im deutschen Reitsport-Fachhandel erhält man einen Kappzaum aus Leder oder Nylon. Er hat ebenfalls einen Nasenbügel aus Metall. Rechts und links des Mittelstücks gibt es je ein bewegliches Gelenk, um den Bügel verschiedenen Nasenformen anzupassen. Drei eingelassene oder aufgesetzte Ringe in der Mitte und rechts und links dienen zur Befestigung der Longe (Mitte) oder der Zügel an den Seiten. Der Nasenbügel wird in der Höhe verschnallt wie ein englisches Sperrhalfter, etwa zwei Fingerbreit unter dem Jochbein. Er muss stramm sitzen, damit er beim Longieren nicht verrutscht und scheuert. Ansonsten hat er Verschnallungen wie eine Trense. Teilweise gibt es zusätzliche Riemen ab der Mitte der Backenstücke, die unterhalb der Ganaschen recht stramm verschnallt werden. So wird verhindert, dass die Backenstücke seitlich verrutschen und dem Pferdeauge zu nahe kommen.

Warmblütern passt dieser Kappzaum recht gut. Kleinere Pferdeköpfe verschwinden darin. Die vielen Schnallen machen ihn kompliziert in der Handhabung. Über die dicke Polsterung des Nasenbogens kommen feine kleine Signale der leicht vibrierenden Longe auf dem Nasenrücken gar nicht an. Die Hilfen über die Longe müssen deutlicher gegeben werden.

Andererseits lässt sich bei ungestüm tobenden Pferden auch die Disziplin nicht so gut und eindeutig wie mit der spanischen Serreta wiederherstellen.

Nicht zum Longieren: Das Halfter

Korrektes Longieren im Sinne von Erziehung zum Gehorsam, Ausbildung und Gymnastizierung ist mit einem Halfter kaum möglich. Meist sitzt es viel zu locker, wird am Kopf verdreht. Möglicherweise scheuert es dann oder das äußere Backenstück kommt dem Auge zu nah. Ein Pferd, das nicht longiert werden will und entschlossen davongeht, ist nur mit einem Halfter selbst von einem starken Mann nicht zu halten.

Tipp

Niemand verwendet diese Ausrüstung dauernd und jeweils über Stunden. Eine Stallgemeinschaft kann zusammen eine Ausrüstung anschaffen und nutzen. Wird die Serreta in einer Stallgemeinschaft für viele Pferde genutzt, ist zu empfehlen, dass jedes Pferd seinen eigenen Nasenschoner erhält. Damit kann das Risiko für die Übertragung von Fellparasiten und -pilzen eingedämmt werden.

Fjordwallach mit deutschem Kappzaum

14 Die richtige Ausrüstung

Zügel müssen so verschnallt werden, dass sie nicht herunterrutschen.

Unter den Ganaschen werden die beiden Zügel ...

Wie beim Reiten: Die Trense und andere Zäumungen

Der Kappzaum ist für das Longieren immer notwendig. Wenn das Pferd die Grundbegriffe des Laufens auf dem Zirkel gelernt hat und die ersten Übergänge zwischen Trab und Schritt gelingen, kommt als Vorbereitung oder Ergänzung für das Reiten oder Fahren zusätzlich eine Trense dazu.

Das Gebissstück soll dem Pferd gut passen, das heißt rechts und links knapp einen Fingerbreit breiter sein als das Maul. Es wird so verschnallt, dass es korrekt auf den Laden liegt, ohne an die Backen- und Hengstzähne zu schlagen. Es sollte auch nicht zu dünn sein. Nur so wagt es das Pferd, sich sanft und vertrauensvoll daran anzulehnen.

Dabei ist es unerheblich, ob die Trense normale Ringe, D-Ringe oder Olivenköpfe hat, einfach oder doppelt gebrochen ist. Wichtig ist immer, dass das Pferd das Gebiss gut annimmt und sich nicht ängstlich dahinter verkriecht.

T Tipp

Gamaschen und Bandagen
Auf dem relativ kleinen Kreis, den das Pferd beim Longieren geht, besteht die Gefahr, dass es sich an den Beinen streift und dabei verletzt. Deshalb sind zum Schutz gut sitzende Bandagen oder Gamaschen zumindest an den vorderen Röhrbeinen zu empfehlen. Gerade junge Pferde gehen noch nicht im Gleichgewicht auf der runden Linie des Zirkels.

zwei- bis viermal umeinander verschlungen und ...

mit dem Kehlriemen der Trense oder des Kappzaums fixiert.

Stress im Maul:
Die Longe direkt an der Trense

Wie beschrieben, soll das Pferd beim Longieren lernen, die Trense vertrauensvoll anzunehmen. Um den Rücken aufzuwölben, muss sich das Pferd trauen, sich sanft am Gebiss anzulehnen und leicht abzustoßen. Dies ist das, was in Reitlehren als das Nachgeben am Gebiss bezeichnet wird. Wird die Longe einfach seitlich in den Ring der Trense eingehakt, entsteht auf der einen Seite ein Dauerzug. Im Extremfall wird dem Pferd die Trense halb aus dem Maul gezogen. Auf der anderen Seite drückt der Trensenring gegen die Maulspalte oder wird sogar in das Maul hineingezogen. Natürlich entsteht so kein Vertrauen des Pferdes in das Gebiss und die Zügelführung!

Es ist schon schwierig, über einen kurzen Zügel beim Reiten wirklich fein mit einem sensiblen Pferdemaul zu kommunizieren. Flexibles Annehmen und Nachgeben ist ständig gefragt. Wie schwierig oder unmöglich ist das erst über sieben Meter Longe, die dem Pferd einseitig im Maul zieht!

Wichtig

Nicht empfohlen werden nicht-gebrochene Trensen, wie Gummitrensen oder so genannte Schulungs- oder Korrekturgebisse. Völlig abzulehnen sind Kandaren oder kandarenähnliche Gebissstücke (mit Anzügen), wie Pelham, LTJ-Stange oder Islandkandare. Gebisslose Zäumungen wie Lindel, Vosal, mechanische Hackamore und Bosal sind ebenfalls ungeeignet als Zäumung zum Longieren.

Die richtige Ausrüstung

Eine gute Longierpeitsche sollte mindestens drei Meter lang und leicht sein, gut in der Hand liegen, mit ebenfalls drei Meter langer Schnur.

Verschnallung der Steigbügel, damit sie beim Longieren nicht dem Pferd ungewollt an den Bauch und die Flanken schlagen.

Tipp

Pflege der Peitschenschnur
Die lange Peitschenschnur aus Leder muss gepflegt werden. Wie jedes Leder sollte sie von Zeit zu Zeit gefettet werden, damit sie geschmeidig bleibt. Auf etwas feuchten Sandplätzen klebt der Sand an dem Leder. Nach Gebrauch sollte man sie deshalb abwaschen und später wieder fetten.

Kurioses: Longierbrille und Longe über den Kopf

Unsinnig ist auch eine Longierbrille. Sie besteht aus zwei Karabinerhaken und einem kurzen, aber stabilen Riemen aus Leder oder Nylon dazwischen, in dessen Mitte ein D-Ring eingenäht ist. Die Karabinerhaken werden nach hinten in die Trensenringe eingehakt. Die Longe wird in den D-Ring eingeschnallt. So erfolgt ein vermehrter Zug am äußeren Trensenring.
Ganz kurios ist eine Verschnallung über den Kopf hinweg. Hier bewirkt jeder Zupfer an der Longe einen Zug der Trensenringe nach oben, am inneren Trensenring stärker als am äußeren. Die einzig bedingt vertretbare Verschnallung ohne Kappzaum ist folgende: Die Longe wird mit einer Schnalle so am Kopfstück des Pferdes angebracht, dass sie den inneren Trensenring und zusätzlich den dahinter liegenden Nasenriemen eines stramm sitzenden englischen Sperrhalfters umfasst. Nur bei wirklich gehorsamen, schon weiter ausgebildeten Pferden kann man sich so behelfen, wenn kein Kappzaum zur Verfügung steht.

Große Auswahl: Die Peitsche

Bei den Longierpeitschen gibt es viele Qualitäten, Längen und Preise. Eine gute Peitsche ist leider nicht billig. Sie liegt angenehm ausgewogen in der Hand, ist möglichst leicht, mit ausreichender Länge (3–4 m), dabei robust und unverwüstlich. Die Peitschenschnur ist mindestens so lang wie die Peitsche selbst.
Ich selbst habe eine so genannte Teleskoppeitsche. Sie kann – ähnlich einer Angelrute – auf ein Drittel ihrer Länge zusammengeschoben werden. Dies macht sie zum Transport sehr handlich. Leider ist sie sehr empfindlich, leicht zerbrechlich und relativ teuer. Jedoch nur, wenn die Peitsche leicht ist, kann man sie lange ruhig halten.

Man hat sie in der Hand: Die Longe

Bei der Longe gilt fast dasselbe wie bei der Peitsche. Sie muss dem Longierer angenehm in der Hand liegen.
Die Länge muss mindestens 7 m, besser 10 m betragen. Praktisch ist am Ende der Longe eine ca. 20 cm lange Handschlaufe. Länger als nötig sollte man seine Longe nicht wählen, da man sonst bei der Arbeit stets zu viele Schlingen halten muss, die auch noch die Tendenz haben, sich zu verheddern. Eine Longe sollte keine aufgenähten Stege oder Knoten haben, damit man sie ohne Rucken sanft durch die Hand gleiten lassen kann.
Ich bevorzuge eine flache, ca. 2 cm breite Longe aus Baumwolle oder Nylon. Sie ist nicht zu schwer, ist mit einem einfachen stabilen Karabinerhaken ausgestattet und endet mit einer Handschlaufe.

Eine Longe sollte keine aufgenähten Stege oder Knoten haben, damit man sie ohne Rucken sanft durch die Hand gleiten lassen kann.

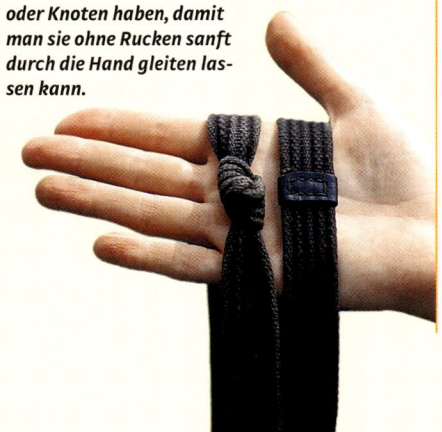

> **Tipp**
>
> Zur eigenen Sicherheit empfehlen sich passende Reithandschuhe, damit ein plötzliches Durchziehen der Longe keine Brandblasen hinterlässt, und pferdehufsichere Schuhe, in denen man gut laufen kann.

Zur Gewöhnung und für Hilfszügel: Longiergurt oder Sattel

Spätestens wenn Ausbinder oder andere Hilfszügel benutzt werden, müssen diese irgendwo befestigt werden. Generell empfiehlt sich dazu ein Longiergurt. Wenn man anschließend reiten möchte oder sich das junge Pferd an den Sattel gewöhnen soll, benutzt man natürlich einen gut passenden Sattel.
Bei den Longiergurten gibt es viele Varianten und Preislagen: von luxuriösen aus Leder mit vielen Ringen und meist gut sitzendem Kammdeckel bis zu ganz einfachen, aus breitem Schnurgurt mit meist nur zwei Ringen auf jeder Seite.
Letztendlich ist für die Wahl entscheidend, welche Art von Hilfszügeln man verwenden möchte und wie groß das zu longierende Pferd ist. Bei der hier empfohlenen Gymnastizierung werden Ausbinder benutzt, die auf der Höhe des Buggelenks zu verschnallen sind, das heißt, es genügt je ein Ring rechts und links.

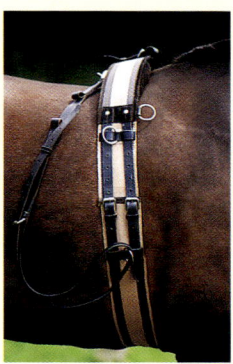

Einfacher, variabler Longiergurt mit eingehakten Ausbindern.

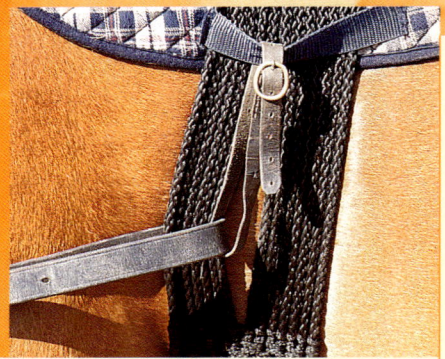

Riemchen zum Hochhalten der Ausbinder am Sattelgurt.

terhandersatz annähernd erreichbar. Bei der Auswahl von Ausbinderpaaren ist die ausreichende und bei beiden gleiche Länge entscheidend. Natürlich sollte auch hier die Verschnallung einfach und leicht zu bedienen sein, z. Bsp. mit nummerierten Löchern.

Ausbinder *müssen sein*

Zur sinnvollen Gymnastizierung des Pferdes an der Longe empfehle ich Ausbinder. Sie bestehen aus zwei schmalen, ca. 1,50 m langen Riemen, die seitlich am Trensenring und am Longier- bzw. Sattelgurt befestigt werden. Zur Anbringung an der Trense ist ein leichter Karabinerhaken vorhanden. Mit einem langen Schnallstück werden sie rechts und links am Gurt angebracht. Im vorderen Drittel (zum Pferdekopf hin) ist meist ein Gummiring eingelassen.

Sie dienen als Ersatz oder als Vorbereitung für die Hand des Reiters, der die Zügel gefühlvoll und still hält. Das Pferd soll sich an das Gebiss anlehnen, es annehmen, sich dort aufstützen, wieder nachgeben und so eine Stütze finden, um den Rückenbogen aufzuwölben. Dies geht nur bei sanft gegenhaltender, ruhiger, einfühlsamer Reiterhand. Mit Ausbindern ist ein solcher Rei-

Nicht *zu empfehlen:* Der Halsverlängerer

Der sogenannte Halsverlängerer besteht aus einer recht stabilen, aber elastischen Gummischnur mit Karabinerhaken an den Enden. In der Mitte dieser Schnur gibt es eine Einstellschlaufe für unterschiedliche Längen. Die Mitte der Schnur wird mit der Einstellschlaufe auf der Mitte des Genickstückes platziert. Von dort verlaufen die beiden Hälften der Schnur rechts und links durch die Trensenringe zur Brust des Pferdes, zwischen den Vorderbeinen hindurch und werden in den Sattel- oder Longiergurt eingehakt. Hier muss dazu eine Öse am Gurt vorhanden sein oder man verwendet einen Schnurgurt.

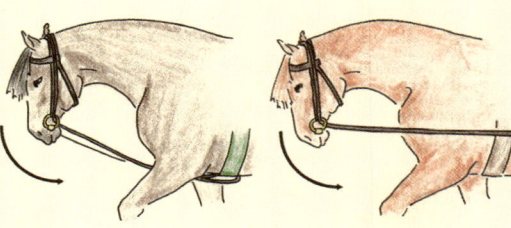

Verschnallungsmöglichkeiten des Halsverlängerers: Vorsicht, wenn das Pferd anfängt, sich zu verkriechen!

Ausbinder in passender Länge, korrekt auf Buggelenkshöhe verschnallt.

Eine andere Möglichkeit der Verschnallung ist, den Halsverlängerer rechts und links am Gurt in Buggelenkshöhe einzuhaken.
Diesen Hilfszügel kann ich nicht empfehlen. Nur wenige Pferde nehmen ihn an, dehnen sich daran entspannt vorwärts-abwärts und „verlängern ihren Hals". Die meisten Pferde jedoch weichen nach rückwärts-einwärts aus und verkriechen sich. Sie entwickeln einen falschen Knick, das heißt, sie geben nicht am Genick nach, sondern zwischen dem zweiten und dritten Halswirbel. Einige Pferde gehen gegen diesen Zügel an, lehnen sich voll darauf und erkennen, dass dieser Zügel nachgibt. Sie üben das spätere „Zügel-aus-der-Hand-Reißen".

Mit Vorsicht zu verwenden: Der Schlaufzügel

Schlaufzügel sind ein Zügelpaar von ca. 2,80 m Länge und bestehen aus Leder, Zügelgurt oder Nylonseil. Beide Enden des Zügels werden am Bauchgurt des Sattels oder Longiergurtes befestigt. Die Zügel werden dann zwischen den Vorderbeinen des Pferdes hindurch nach rechts und links durch die Trensenringe geführt. Von dort kommen sie beim Reiten in die Reiterhand, beim Longieren an den Sattelgurt bzw. an die Ringe des Longiergurtes in Buggelenkshöhe.

Zunächst scheint es so, als sei der Schlaufzügel sanfter als zum Beispiel die Ausbinder, weil er in den Trensenringen gleitet und die Bewegungen des Pferdes weicher mitmacht.

Der Schlaufzügel wird hier nicht empfohlen. Spätestens wenn das Pferd allmählich eine Anlehnung an das Gebiss sucht und sich vorwärts-abwärts nach unten dehnt, führt das Gleiten in den Trensenringen dazu, dass das Pferd mit der Stirn-Nasen-Linie hinter die Senkrechte kommt. Es fängt an, sich einzurollen, und entwickelt dabei den falschen Knick am dritten Halswirbel. Außerdem hält es den Rücken fest und tritt nicht schwungvoll mit den Hinterbeinen unter seinen Schwerpunkt. Solche allmählich antrainierten Haltungsfehler sind bei einem Pferd später sehr schwer wieder zu korrigieren.

Wenn die Tendenz zu diesem Fehler erkennbar wird, sollte man den Schlaufzügel nicht mehr einsetzen, stattdessen Ausbinder in korrekter Länge.

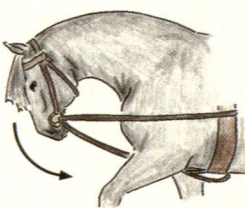

Verschnallung des Schlaufzügels: Bei zu kurzer Verschnallung verkriecht sich das Pferd mit „falschem" Knick.

Schlaufzügel

Für Sternengucker: Das Chambon

In speziellen Fällen kann zum Longieren ein Chambon verwendet werden. Es besteht aus einem kleinen Kopfstück, das unter das Genickstück der Trense geschnallt wird. Daran sind rechts und links zwei kleine Ringe angebracht. Es gehört ein kurzer Ausbindezügel dazu, der am Bauchgurt des Sattels oder Longiergurtes befestigt und zwischen den Vorderbeinen des Pferdes nach vorne geführt wird. An diesem vorderen Ende befindet sich ein Ring. Eine etwa 1,30 m lange, dünne runde Schnur mit zwei Haken vervollständigt das Chambon. Mit einem Haken wird die Schnur in den linken Trensenring eingehakt, am Backenstück des Pferdes entlang nach oben durch den linken Ring des kleinen Kopfstückes geführt, dann Richtung Brust des Pferdes durch den Ring am Ausbindezügel. Ab dort verläuft die Schnur durch den rechten Ring des Kopfstücks zum Trensenring rechts. Das Chambon kann Mittel der Wahl sein bei Pferden, die sich auch bei lang geschnallten Ausbindezügeln nicht nach vorwärts-abwärts dehnen und den Unterhals vor- und den Rücken wegdrücken. Auch viele Übergänge zwischen den Gangarten oder erst kurze und dann allmählich längere Ausbinder führten das Pferd noch nicht in die Tiefe.

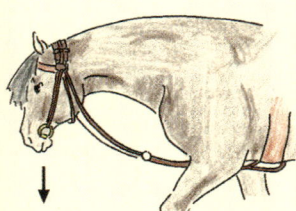

Verschnallung des Chambons: Bei erhobenem Kopf steht es an und drückt auf den Kopf.

Das Chambon ist locker, wenn das Pferd den Hals fallen lässt und sich vorwärts-abwärts dehnt.

Die Wirkung des Chambon: Bei schonender, vorsichtiger Arbeit lernt das Pferd nach einigen Tagen, dass es ihm angenehmer ist, wenn es den Hals fallen lässt und die Nase leicht nach vorne reckt. Der Weg des Zügels vom Sattelgurt bis zum Gebiss wird verkürzt und der anstehende Strick hängt allmählich durch. Der Druck im Genick und der Zug am Gebiss verschwinden. Durch die Dehnungshaltung lässt sich das Pferd im Rücken los und fängt an, mit der Hinterhand – vor allem im Trab – nach vorne durchzuschwingen.
Mit dem Chambon streckt es sich nach vorwärts-abwärts, gibt aber nicht im Genick nach. Deshalb sollte man nach einiger Zeit wieder zu Ausbindern zurückkehren.

Der Gogue

Der Gogue ist dem Chambon ähnlich. Er besteht ebenfalls aus einem kleinen Kopfstück, das unter das Genickstück der Trense geschnallt wird. Auch hier sind rechts und links zwei kleine Ringe angebracht. Es gehört der gleiche Ausbindezügel dazu, der am Bauchgurt des Sattels oder Longiergurtes befestigt und zwischen den Vorderbeinen des Pferdes nach vorne geführt wird und an diesem vorderen Ende einen Ring hat. Dort sind zwei dünne, stabile runde Riemchen fest eingeschnallt, die rechts und links jeweils zum Ring des Kopfstückes geführt werden. Von dort

Bei erhobenem Kopf entsteht durch den Gogue Druck auf das Genick und Zug an der Trense.

Achtung: Auch diese Fehlhaltung mit hohem Genick und eingerollter Stirn-Nasen-Linie ist beim Einsatz des Gogue möglich!

Lässt das Pferd den Hals fallen und dehnt sich vorwärts-abwärts, so lockert sich der Gogue.

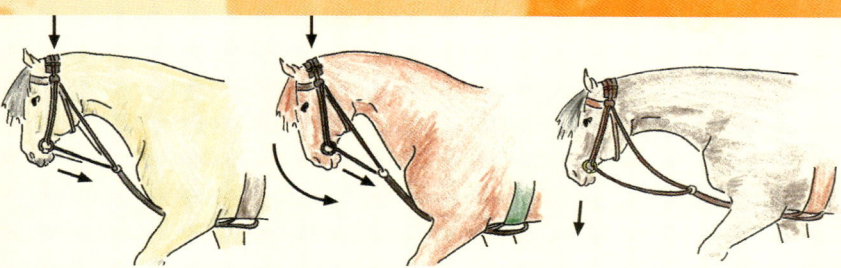

werden die Riemen von außen durch die Trensenringe gezogen und zurückgeleitet an den Ring. Hier werden sie mit kleinen Karabinerhaken befestigt. Rechts und links vom Pferd entsteht so ein gleitendes Dreieck: Brusthöhe, Genick, Trensenring.

Auch der Gogue wirkt auf das Genick und das Maul des Pferdes. Wenn es den Hals fallen lässt, lässt der Druck an beiden Stellen nach. Im Gegensatz zum Chambon bleibt beim Gogue aber eine Verbindung zum Gebiss erhalten, ähnlich wie bei Ausbindern.

Der geeignete Ort zum Longieren

Der Platz sollte gut eingezäunt sein, bzw. durch einen Wall oder Ähnliches geschlossen und so groß sein, dass das Pferd auf einem Kreisbogen von bis zu 20 Metern Durchmesser gehen kann. Der Boden muss optimal sein: eben, etwas federnd, nicht zu tief und nicht zu hart. Dass man nicht auf gefrorenem oder matschig-rutschigem Boden longiert, ist selbstverständlich. Es muss kein extra angelegter Longierzirkel, Round-Pen oder Picadero sein! Nur für ein Longieranfänger-Pferd ist es im Longierzirkel einfacher, weil das noch nicht ausbalancierte, etwas ungelenke Pferd an der Umzäunung einen gewissen Halt findet. Sobald das Pferd jedoch die Grundbegriffe des Longierens beherrscht, sollte es auf einem großen Platz lernen, auch ohne Anlehnung an einen Zaun taktmäßig zu gehen, die gleichmäßige Biegung beizubehalten und den Wechsel zwischen Biegung auf dem Zirkel und geradeaus auf der ganzen Bahn ohne Taktfehler zu beherrschen.

Zur Schonung des Bodens ist es zu empfehlen, den gewünschten Longierkreis immer wieder an einer anderen Stelle des Platzes einzunehmen.

Ein idealer Platz zum Longieren: groß, stabil eingezäunt und mit gutem Boden.

Die Hilfen beim

Longieren

Richtiges und sinnvolles Longieren als gute Arbeit mit einem motiviert und freudig mitarbeitenden Pferd ist nicht ganz einfach. Aber es lohnt sich, es zu erlernen und mit seinem Pferd zu üben. Im Verlauf des Trainings wird das Pferd immer lockerer, entspannt sich, geht schwungvoller. Die Hilfen werden feiner.

Zaubermittel Stimme

Unsere Stimme ist an der Longe das wichtigste Mittel zur Kommunikation mit dem Pferd.

Pferde hören sehr gut und lernen es recht schnell, verschiedene Laute oder den Klang einer Stimme zu unterscheiden, nicht aber einzelne Worte ihrem Sinn nach.

Je jünger oder unerfahrener der kleine Longierkandidat ist, umso deutlicher und wirklich laut genug muss das Stimmkommando kommen. Erkenne ich beim Pferd den Ansatz zur richtigen Reaktion, so wird sofort gelobt, auch wieder laut und deutlich. Für ein einzelnes Pferd sollte man immer die gleichen Kommandos verwenden. Bei einem dann erfahreneren und konzentriert mitarbeitenden Pferd genügt später zum Beispiel nur ein leises „Schschsch", das Wort für die Gangart oder ein aufmunterndes Schnalzen. Lob gibt es nur für neue oder besonders gute Arbeit.

Was nun tun, wenn die gewünschte Reaktion nicht erfolgt? Ein Beispiel: Ich habe schon einige Male auffordernd „Terrrabbb!" gesagt, mein Pferd aber trottet immer noch im Schritt daher. Nun muss ich die Befolgung des Kommandos wirklich energisch fordern, zum Beispiel mit Hilfe der Peitsche. Ansonsten nimmt mich mein Pferd bald nicht mehr ernst und macht an der Longe – wie später auch unter dem Sattel –, was es will. Voraussetzung ist immer: Das Pferd ist körperlich in der Lage, das Geforderte zu leisten!

Fertig zum Longieren

Die Möglichkeiten der Stimme

○ **Ruhe in die Arbeit hineinbringen**
Mit langgezogenen, ruhigen Vokalen wie in Scheeeeriiiit, Teeeraaaab, Braaaaaaav, Ruuuuuhiiiiiig, Hoooolaaaa.
Das besänftigt, beruhigt und entspannt ein Pferd. Übergänge von einer schnelleren Gangart in eine langsamere werden damit initiiert, die aktuelle Gangart wird verlangsamt. Die Stimme klingt dunkel, langsam, ihr Klang wird am Ende der letzten lang gezogenen Silbe tiefer.

○ **Aufmerksamkeit erwecken, Treiben**
Mit heller, aufmunternder Stimme aktiviert man das Pferd, treibt in die nächsthöhere Gangart, beschleunigt die Gangart: Vorwärts! Galopp! Terrabb! Komm!
Hierzu gehört auch das Schnalzen.

○ **Für Disziplin sorgen**
Laut und deutlich, kurz, klar und mit gewisser Strenge wird das Pferd auch mit der Stimme diszipliniert:
Ho! Lass das! Ab!

Körpersprache: Haltung und Position

Damit unser Vierbeiner uns als ranghohen zweibeinigen Boss akzeptiert, dem er freudig und vertrauensvoll gehorcht, müssen wir uns auch als ein solcher darstellen und benehmen. Wir gehen dazu aufrecht und bestimmt, bewegen uns ruhig und vermeiden hektische Gesten. Innerlich und äußerlich macht man sich groß.
Ein Mensch, der sich klein macht mit gesenktem Kopf, rundem Rücken und unsicheren, schleppenden Schritten, wird vom Pferd nicht ernst genommen und dem gehorcht es auf Dauer nicht. Schlimmstenfalls beginnt der Vierbeiner, seinen Ausbilder zu testen, drängelt auf dem Longierzirkel nach außen oder innen und missachtet die Kommandos. Das Pferd lernt seine Ideen durchzusetzen oder stumpft bei ewiger Missachtung von zigfach gegebenen Kommandos immer mehr ab. So kommt man nie zu feiner Kommunikation mit prompter Reaktion.

Neutrale Position

Beim Longieren kommt es neben unserer Körperhaltung vor allem auch auf die Position im Verhältnis zum Pferd an. Das Pferd läuft bis zu zehn Meter entfernt von uns. Dennoch ist es mit entscheidend, wo genau wir stehen. Normalerweise stehen wir neutral mit unserer vollen Front zum Pferd, den Bauchnabel etwa auf die Mitte der Schulter des Pferdes gerichtet. Ruhig drehen wir uns in dieser Position um unsere eigene Achse oder gehen auf einem kleinen, gleichmäßigen Kreis mit. Dabei haben wir das Pferd immer frontal vor uns und können es ständig beobachten. Unsere Arme hängen locker herab, ohne dabei die Schultern hoch-

Neutrale Position: Frontal zum Pferd stehend, der Bauchnabel ist auf die Mitte der Pferdeschulter gerichtet.

Verbremsende Position: Die Longenführerin tritt Richtung Pferdekopf.

zuziehen. Die Ellbogen sind etwa rechtwinklig gebeugt.
Arbeiten wir unser Pferd auf der linken Hand, so befindet sich die Longe in der linken Hand, die zum Pferdemaul gerichtet gehalten wird. In der rechten Hand hält man das aufgerollte Ende der Longe und die Peitsche, deren Spitze etwa auf das Sprunggelenk des inneren Hinterbeines zeigt. Pferd, Longe und Peitsche bilden ein Dreieck.

Verbremsende Position
Um das Pferd etwas zu verbremsen, bewegt sich der Longenführer mit einem deutlichen Schritt fast auf die Höhe vom Kopf des Pferdes. Diesem wird auf diese Weise optisch der Weg nach vorn abgeschnitten. Mit dem Stimmkommando „Haaaaalt" und gleichzeitigem sanftem Klingeln am Kappzaum kommt man so auch zum Anhalten, eine der schwierigsten Übungen an der Longe. Wenn das Pferd das Kommando „Halt" beherrscht, genügt allein das Stimmkommando, und der Longierer bleibt in „neutraler" Position stehen.

Treibende Position
Mit einer Bewegung Richtung Kruppe wirkt der Mensch mehr treibend oder veranlasst eine stärkere Biegung, zum Beispiel um den Zirkel zu verkleinern. So initiiert man auch bei der Arbeit auf der ganzen Bahn nach einem geraden Stück wieder eine Biegung zur Volte oder zum Zirkel.
Lässt das Pferd sich durch Stimm- und Peitschenhilfe gut treiben, verbleibt der Longierer in neutraler Position. Beim Longieren geht es darum, die Stimmkommandos mit den Körperhilfen zu verbinden, sodass das Pferd immer genauer die Stimmkommandos kennen lernt und gehorsam befolgt.

Treibende Position: ich befinde mich auf Höhe der Kruppe des Pferdes.

Körpersprache

Die Hilfen beim Longieren

Nach korrektem Halten außen auf der Zirkellinie ...

geht die Longenführerin zum Pferd und sammelt die Longe ...

Unsere **Verbindung** mit dem Pferd: **Die Longe**

Über die Longe kann man am Kappzaum führen, Anlehnung geben, zupfen, klingeln, Paraden geben, nachgeben und disziplinarisch rucken.
Vor der Benutzung der Longe wird diese in gleichmäßig großen, nicht zu langen Schlingen ordentlich aufgerollt. Der Karabinerhaken wird in den mittleren Ring des Nasenteils des Kappzaums eingehakt.
Zum Longieren auf der linken Hand wird die Longe mit den Schlingen in der rechten Hand gehalten. Mit der linken Hand wird die Longe nach und nach ohne Rucken abgewickelt, so weit wie das Pferd auf den Longierzirkel hinausgeschickt wird. Zum Verkürzen der Longe übernimmt die rechte Hand die Schlaufen, die entstehen, wenn die linke Hand an der Longe entlanggleitet und die Longe „einsammelt".
Die Hand, die die Longe hält, greift daran wie an den Zügel oder so, dass der Zeigefinger unter der Longe ist.

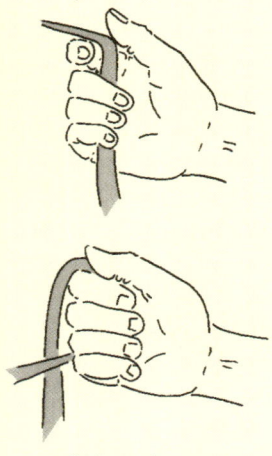

Handhaltung der Longe:
OBEN: *mit dem Zeigefinger von unten oder*
UNTEN: *wie einen Zügel*

Vom Rucken bis zum Klingeln: Signale am Kappzaum

Der Kappzaum ist sowohl sanft und vorsichtig, aber auch stark disziplinierend einsetzbar. Dazu gibt man verschiedene Hilfen über die Longe.

Starke Parade

Zur Disziplinierung gibt es die absolut starke Parade. Das ist ein starker, kurzer Ruck am Kappzaum, mit der Hand von oben nach unten oder von außen nach innen. Dies kann dem Pferd durchaus einen plötzlichen Schmerz auf der Nase verursachen und sollte deshalb auch nur zur absoluten Verwarnung in ungehorsamen Ausnahmesituationen benutzt werden.
Meist genügt zu Anfang der Longierausbildung wirklich nur einmal ein solcher Ruck, um das Pferd fortan gehorsam sein zu lassen.

Klingeln oder Vibrieren

Bei gehorsamen, sensiblen Pferden reicht ein leichtes Klingeln oder Vibrieren – zur Unterstützung des Stimm-

in gleichmäßigen Schlingen ein.

Das Pferd bleibt dabei ruhig, gelassen und aufmerksam stehen.

kommandos. Dazu bewegt man die Longe leicht aus dem Handgelenk heraus, sodass die Longe sich minimal wellenartig zum Kappzaum schlängelt. Damit wird am Ring auf dem Steg des Kappzaums ein klingelndes Geräusch erzeugt. Dies fördert die Aufmerksamkeit des Pferdes, beruhigt oder verlangsamt es.

Halbe Parade oder Zupfen
Zur halben Parade bzw. Zupfen gehört das leichte Annehmen und Nachgeben der Longe. Das Nachgeben kann durch eine leichte Drehung des Handgelenkes entstehen, bis zu dem Ausmaß, dass man den Arm deutlich Richtung Pferdekopf führt, bis zu ca. 30 cm. Das Annehmen passiert in entsprechend entgegengesetzter Richtung. Mit nachgebender Hand veranlasst man zum Beispiel Übergänge zwischen den Gangarten, damit sich das Pferd dabei vorwärts-abwärts streckt; bei einem jungen Pferd mit deutlichem Nachgeben, bei einem erfahrenen nur noch mit einem geringen Nachgeben.

Mit Hilfe des Kappzaums und den Ausbindern kann ich die halbe Parade am inneren Zügel nachahmen, indem ich den Kopf des Pferdes durch das Annehmen der Longe am Kappzaum leicht nach innen hole. Der äußere Ausbinder bildet den Zügel nach, an den sich das Pferd vermehrt anlehnt. Bei anschließendem sanftem Nachgeben erreicht man so ein Pendeln im Hals des Pferdes und ein Lockerlassen im Unterhals.

Tipp

Handhabung der Peitsche
Auch die Handhabung der Peitsche lässt sich bereits ohne Pferd üben. Wie beim Longieren dreht man sich dabei ruhig und gleichmäßig auf einem kleinen Kreis um sich selbst. Wichtig sind:
▸ korrektes, ruhiges Halten der Peitsche auf einer konstanten Höhe,
▸ leichtes Anheben aus dem Handgelenk bei ruhigem Arm,
▸ gezieltes Touchieren mit der Schnur,
▸ Handwechsel hinter dem Rücken,
▸ jeweils in der rechten und linken Hand.

Die Longe

Die Hilfen beim Longieren

Zur Unterstützung: Die Peitsche

Die Peitsche gehört zwingend immer dazu, auch wenn sich das Pferd deshalb erst ängstlich oder hektisch zeigt. Empfehlenswert ist mit solchen Pferden noch etwas Bodenarbeit zu machen und sie dabei mit der Gerte oder Peitsche überall abzustreifen, bis sie dies vertrauensvoll akzeptieren.

Normale Haltung der Peitsche
Bei der Arbeit auf der linken Hand wird die Peitsche in der rechten Hand gehalten; in der anderen Richtung in der linken Hand, jeweils zusammen mit den Schlingen der Longe. Die Peitschenspitze zeigt ruhig auf das Sprunggelenk des inneren Hinterbeines.

Sanftes Treiben
Um das Pferd anzutreiben, nachdem es das entsprechende Stimmkommando nicht direkt befolgt hat, wird die Peitsche leicht angehoben, locker aus dem Handgelenk, möglichst nicht mit einer großen Armbewegung.

Massives Treiben
Zum deutlichen, massiven Treiben wird die Peitsche von rechts nach links in einem Bogen von unten nach oben geführt, sodass die Peitschenschnur ganz leicht (oder auch stärker) den Hinterschenkel des Pferdes touchiert. Je schneller und überraschend deutlich dies passiert, umso mehr kann man sein Pferd damit beeindrucken. (Beim Longieren auf der rechten Hand entsprechend umgekehrt.)
Bei Pferden, die weiter ausgebildet sind und Kommandos gerne sehr schleppend befolgen, ist nach einem massiven Peitschenschlag – zum Wachwerden – manchmal ein Wunder zu beobachten: Plötzlich werden Kommandos sofort verstanden und befolgt. Hier muss man sich jedoch sehr sicher

OBEN: *Zum sanften Treiben wird die Peitsche leicht angehoben.*
UNTEN: *Hier wurde zu viel getrieben. Beim Übergang vom Zirkel zur ganzen Bahn sprintet der Isländer los.*

sein, dass die eigenen Kommandos immer sehr eindeutig und unmissverständlich sind und das Pferd wirklich schludrig war.

Nach außen treiben
Wenn das Pferd den Kreisbogen nicht gleichmäßig rund läuft und an einigen Stellen immer wieder nach innen drängelt, führt man die Peitsche mehr nach vorne, bis zur Gurtlage oder zur Schulter – rechtzeitig, bevor das Pferd wieder nach innen kommt. Missachtet das Pferd dieses Signal, so wird es auch dort mit der Peitschenschnur touchiert. Drängelt das Pferd weiter massiv nach innen, tritt der Longierer zusätzlich einmal deutlich drohend auf das Pferd zu, um es über Körperhaltung und -position nach außen zu treiben.

Sparsamer Umgang mit der Peitsche
Grundsätzlich sollte man mit den Peitschenhilfen sorgsam und sparsam umgehen. Ängstliche Pferde müssen die Peitsche als etwas Normales und Ungefährliches kennen lernen. Sture Ignoranten sollen ihren Respekt davor behalten. Deshalb muss man sie gezielt, aber wenn nötig einmal deutlichst einsetzen.
Leider benutzen viele die Peitsche zu unkontrolliert, sodass manche Pferde auf die eigentlich starke Hilfe immer mehr abstumpfen – vergleichbar mit einem ewig klopfenden Reiterschenkel.

C Check

Voraussetzungen zum Gelingen einer Lektion

○ **Leistungsfähigkeit:** Das Pferd ist körperlich und psychisch in der Lage, das Geforderte zu tun. Nach ausreichender Gymnastizierung gelingt die Biegung auf beiden Händen gleichermaßen gut. Es ist bereits im Gleichgewicht, sodass es rechts und links herum in Ruhe und schöner Aufwärtsbewegung galoppieren kann. Beim Halten kann es geschlossen stehen.

○ **Leistungsbereitschaft:** Das Pferd ist bereit, die geforderte Lektion zu tun und setzt dem Wunsch des Ausbilders keinen Widerstand entgegen. Es hat verstanden, was es tun soll. Zum Beispiel trabt oder galoppiert es prompt an, lässt sich verlangsamen oder anhalten.

○ **Gehorsam:** Das Pferd ist brav, voll auf den Menschen konzentriert, entspannt und motiviert mitzumachen.

Feine Sensibilität auf eindeutige Stimmkommandos entsteht so nicht. Bei der Longenarbeit kann es immer wieder zu Missverständnissen zwischen Pferd und Mensch kommen. Die Hilfen bestehen aus einer Kombination von Körperhaltung und -position, Stimme, Paraden an der Longe und Bewegungen oder Stillhalten der Peitsche. Auch gutes Longieren muss von allen Beteiligten erst einmal gelernt werden, damit nicht unbewusst widersprüchliche Hilfen gegeben werden.

Longieren –

sinnvoll und richtig

Nachdem wir also die notwendige Ausrüstung am Pferd haben, kann es nun losgehen. Im Folgenden werden die Grundlagen, gymnastizierende Lektionen sowie mögliche Probleme und deren Lösungen beschrieben. Damit kann das Longieren gelingen – sinnvoll und richtig.

Vorbereitungen

Trense und Kappzaum sind sorgfältig angepasst, der Nasenriemen des Kappzaums eng geschnallt. Beim Satteln oder Auflegen des Longiergurtes gehen wir sanft vor und gurten in mehreren Schritten.

Die Hilfszügel werden an den Sattel oder Longiergurt geschnallt, in passender Länge. Sie werden aber NICHT bereits in die Trensenringe eingehakt oder -geschnallt.

Solange die Hilfszügel nicht korrekt in die Trensenringe eingehakt oder -geschnallt sind, müssen sie so am Sattel oder Longiergurt befestigt werden, dass sie nirgendwo hängen bleiben können. Ebenso sollte das Pferd nicht hinein- oder darauf treten können. Die Longe hakt man in den mittleren Ring des Nasenbügels am Kappzaum ein.

Mit Hilfe der Longe wird das Pferd geführt, von links oder rechts. Dabei trägt man die Peitsche in der äußeren Hand. In der Peitschenhand werden auch die Schlingen der aufgerollten Longe gehalten. An der anderen Hand hält man nur das Pferd. Die Peitschenspitze zeigt nach vorn, die Schnur wird mit in der Hand gehalten, schleift nicht über den Boden hinterher. Auf dem Longierplatz halten wir etwa dort an, wo wir bei unserer Arbeit stehen werden. Hier soll das Pferd erst einmal ruhig stehen bleiben, wie ich es auch bei einem ausgebildeten Reitpferd erwarte.

Korrekt angepasste, gute und einfache Ausrüstung.

Linke Hand: Peitsche und Schlaufen der aufgewickelten Longe werden in der rechten Hand gehalten, an der linken Hand das Pferd.

Die Longenführerin tritt seitlich zur Kruppe des Pferdes.

Das Pferd auf den Zirkel hinausschicken

Nun ist zu entscheiden, auf welcher Hand ich zuerst arbeiten möchte. Es sollte die vermeintlich bessere sein, das heißt die, wohin sich das Pferd besser biegt.
Nehmen wir zunächst an, dass es bei meinem Pferd die linke Seite ist, also beginne ich das Longieren auf der linken Hand. Dazu nehme ich die Peitsche in die rechte Hand sowie auch die Schlingen der noch aufgerollten Longe. In der linken Hand habe ich nur das Pferd an der noch kurzen Longe. Die Peitsche halte ich vor mir, mit der Spitze hinter das Pferd zeigend, etwa auf Höhe des Sprunggelenkes.
Ich drehe mich um, mit dem Blick zur Kruppe des Pferdes, und trete auf die Kruppe des Pferdes zu. Dabei lässt man die Longe länger werden und dreht sich zum Pferd, mit der etwas angehobenen Peitsche das Pferd von sich wegtreibend. Ohne Ruck wird die Longe so lang durch die Hand gleitend verlängert, bis das Pferd weit genug auf den Longierzirkel hinausgetreten ist.
Dies alles soll bei ruhigem, entspanntem Schritttempo stattfinden.

Problem: Das Pferd rennt wie von Sinnen im Renntrab um den Longierer herum
Bei Pferden, die bisher nur das schwachsinnige „Ablongieren" kennen, sprich im Renntempo an der langen Leine müde gemacht wurden, ist

> **W Wichtig**
>
> **Die „Schokoladenseite" meines Pferdes**
> Jedes Pferd ist von Natur aus mehr oder weniger schief, d. h. zu einer Seite etwas mehr gebogen. Diese Seite wird allgemein als die bessere bezeichnet, weil das Pferd bei der Arbeit hier eher dazu in der Lage ist, sich zu biegen, zu entspannen, locker zu gehen, sein Gleichgewicht und den Takt der Bewegung zu finden. Ziel der Ausbildung muss es sein, hier auszugleichen, sodass beide Seiten gleich gut werden.
> Bei den meisten Pferden ist die „Schokoladenseite" die, wohin die Mähne NICHT fällt. Bei wirklich symmetrischen Doppelmähnen ist es dann meist die linke Seite. Wie immer bestätigen auch hier Ausnahmen die Regel!

Mit der Peitsche vorsichtig treibend und schräg hinter dem Pferd gehend, wird das Pferd auf den Zirkel hinausgeschickt.

Das Pferd geht ruhig und fleißig auf einem gleichmäßigen Zirkel.

Geduld erforderlich, bis sie merken, dass sie gar nicht mehr hetzen müssen. Mit beruhigenden Worten und bei still gehaltener Peitsche versucht man ihnen wieder Vertrauen in die Aktion „Longieren" zu vermitteln.
Falls das Pferd die Entfernung zum Menschen nutzt, um munter herumzubuckeln und zu rasen, muss man dies sofort unterbinden. Ein solches Verhalten untergräbt jede Disziplin und außerdem ist das Toben auf dem zunächst relativ kleinen Zirkel für die Beine nicht gesund. Dazu zupfe ich zunächst leicht am Kappzaum, lasse den Ring, in den die Longe eingehakt ist, etwas klingeln. Wenn eine solch kleine Verwarnung nicht ausreicht, darf man sofort am Kappzaum deutlich rucken, bis wieder Disziplin herrscht.
Manche Pferde versuchen dann umzudrehen oder – bei einem großen Reitplatz – wegzurennen. Das sollte absolut nicht passieren. Sehen wir das Longieren als Ausbildungsschritt für unser zukünftiges Reitpferd, so möchte niemand ein Pferd, das unter dem Sattel erst einmal tobt.

Gar nicht so einfach: Der gleichmäßig runde Zirkel

Nun ist unser Longierpferd auf dem Zirkel – linke Hand – angekommen und bewegt sich dort im Schritt noch ohne Ausbindung. Der Mensch steht in der Mitte auf einem Punkt, sich fast um seine eigene Achse drehend oder auf einem kleinen gleichmäßigen Kreis mitlaufend.
Der eigene Bauchnabel zeigt auf einen Punkt etwa in der Mitte der Schulter des Pferdes. Man steht aufrecht und gerade, aber locker und unverkrampft. Die Arme hängen gerade aus den nicht hochgezogenen Schultern. Die Ellbogen sind gewinkelt. Die Longenhand (links) zeigt zum Maul des Pferdes. Die Peitschenhand (rechts) hält die restlichen Schlingen der nicht ganz abgewickelten Longe und die Peitsche. Die Spitze der Peitsche zeigt auf das Hinterbein. Normalerweise wird die Peitsche dort ganz ruhig gehalten. Sie dient zur Einrahmung des Pferdes zwischen Longe vorn und Peitsche hinten.

Problem:
Hereindrängeln in den Zirkel
Wenn das Pferd nach innen drängt, treibt man es wieder hinaus, indem die Peitsche mit ihrer Spitze nach vorne zur Schulter geführt und dabei angehoben wird.
Hier ist schnelle Reaktion gefordert. Die Peitsche sollte schon vorne sein und in gewisser Weise drohen, wenn das Pferd nur den Ansatz macht, nach innen zu kommen. Wenn das Pferd nicht auf das kleine Zeichen der Peitsche reagiert, darf man auch hier deutlicher einwirken. Ich touchiere das Pferd an der Schulter mit der Peitsche oder trete dabei sogar einmal einen deutlichen Schritt drohend auf das Pferd zu.

Problem:
Das Pferd zieht nach außen
Wenn mein Vierbeiner zu sehr nach außen zieht, ziehe ich nicht gegen und lasse mich natürlich auch nicht hinausziehen. (Auf Dauer hat das Pferd nämlich mehr Kraft!) Mit leichtem Zupfen am Kappzaum hole ich es wieder heran. Bei ganz hartnäckigen Typen, die zum Ausgang oder in sonst eine attraktive Richtung drängeln, darf man auch massiver werden, mit einigen deutlichen Rucken am Kappzaum. Es hilft auch, etwas mehr in Richtung Kruppe des Pferdes zu gehen. Es wirkt treibend und führt zu mehr Biegung, auch zur Verkleinerung des Zirkels.

Gas und Bremse: *Treiben* und *Verlangsamen*

Nachdem das brave Pferd auf dem äußeren Zirkel zu Beginn der Longenarbeit einige Runden ruhig gegangen ist, lässt man es – noch ohne Ausbindung – sanft und vorsichtig in den Trab „rollen". Das Pferd soll dabei zügig, aber ohne Hast antraben. Dazu gehört, dass es gelernt hat, der auffordernden Stimme und dem entsprechenden Kommando prompt, aber ohne Angst zu gehorchen.

Problem: Das Pferd muss sehr angetrieben werden
Wenn das wirklich ermunternde, auffordernde, deutliche Kommando, zum Beispiel zum Antraben, nicht zügig befolgt wird, kann man es noch ein- bis maximal zweimal deutlichst wiederholen. Dazu muss es leicht mit der treibenden Peitsche verstärkt werden. Die Peitsche wird aus dem Handgelenk heraus von unten nach vorne oben geführt, mit frischer Wiederholung des Kommandos. Wenn das Pferd jetzt richtig reagiert, wird natürlich gelobt und wieder freundlich und ruhig weitergemacht.
Sollte es darauf immer noch nicht reagieren, trete ich mit einem Schritt deutlich drohend treibend hinter den Vierbeiner und setze die Peitsche ein. Wenn das Pferd dann richtig reagiert, muss ich sofort und deutlich loben!

W Wichtig

Bei Pferden, die nach langem Stehen aus einer Box kommen, beginnt die Longenarbeit mit mindestens fünf Minuten Schrittarbeit zum Warmwerden.

So soll das Pferd am Ende der Longenarbeit stehen: geschlossen, ruhig und entspannt in Vorwärts-abwärts-Dehnungshaltung.

Meistens reichen bei einem Pferd für die Ausbildung ein bis zwei derartige „Donnerwetter". Danach ist die Feinfühligkeit des Menschen gefordert, um die Stimmhilfen gepaart mit Peitschenhilfen immer feiner und geringer einzusetzen, bis für die Arbeit mit dem Pferd nur noch sparsamste Kommandos erforderlich sind.

Wie bremse ich das Pferd an der Longe?

Man beginnt wieder mit dem deutlichen Stimm-Kommando, mit ruhiger Stimme, im Tonfall absinkend, mit langen Vokalen. Bei prompter Reaktion folgt promptes Lob. Ansonsten verstärke ich mein beruhigendes Kommando mit sanftem Klingeln am Kappzaum, das bei Nichtbeachtung allmählich verstärkt wird, bis das Pferd wirklich langsamer, eine Gangart zurückgegangen oder stehen geblieben ist.

Stoppen eines Supertankers: Das Anhalten

Ein Pferd an der Longe bis zum Stand anzuhalten ist nicht einfach. Die ersten Versuche sollte man nicht gleich starten, wenn unser Pferdchen noch in Rennlaune ist. Am ehesten gelingt es, wenn man nach fleißiger Arbeit die letzte Schrittsequenz immer langsamer werden lässt.

Mit einem Wort, das das Pferd von der Bodenarbeit schon kennt, beginnt man. Zusätzlich tritt man vorsichtig schräg einen Schritt in Richtung vor den Kopf des Pferdes. Anfangs sollte man das Anhalten an einer äußeren Begrenzung üben, damit das Pferd nicht nach außen ausweichen kann. Die Peitsche wird gleichzeitig deutlich abgesenkt und absolut ruhig gehalten. Auf die Reaktion folgt sofort das Lob und eine Pause zur Belohnung.

Kehrtwendung außen auf dem Zirkel: Im Schritt verlangsame ich den Isländer fast bis zum Halt.

Longe und Peitsche werden in den Händen gewechselt. Über den Kappzaum führe ich das Pferd ...

... ein Stück in den Zirkel hinein.

Andersherum:
Handwechsel

Für einen einfachen Handwechsel wird das Pferd außen auf der Zirkellinie angehalten. Die Peitsche wird weiter in der gleichen Hand behalten, umgefasst und mit der Spitze nach hinten hinter den Ausbilder gehalten. Der Ausbilder geht ruhig zum Pferd. Die Longe wird dabei eingesammelt und in regelmäßig großen Schlingen aufgewickelt. Das Pferd wird gelobt, gestreichelt, bekommt ein Leckerli. Wir schieben für beide einen kleinen Moment Pause ein. Die Ausrüstung kontrolliere ich noch einmal. Ganz in Ruhe werden Peitsche und Longe in den Händen vertauscht. Die Peitsche wird dabei hinter dem Rücken des Ausbilders in die neue Hand umgegriffen. Das Pferd wird im Schritt vorsichtig umgedreht und man lässt das Pferd wieder auf den Zirkel hinaustreten. Die Peitsche wird hinter das Pferd gehalten und auf die Hinterbeine gerichtet. Ohne Rucken am Kappzaum wird die Longe abgewickelt. Die Arbeit auf der neuen Hand beginnt.

Wie ein großes S: Wechsel durch den Zirkel

Ohne anzuhalten, kann man das Pferd auch durch den Zirkel wechseln lassen, zunächst im Schritt, später auch im Trab. Das Pferd sollte außen auf dem Zirkel sicher anhalten können und auf beiden Seiten gleichmäßig gut gymnastiziert sein. Um den Wechsel durch den Zirkel vorzubereiten, arbeite ich für einige Runden auf einem kleineren Zirkel. Bei gleichzeitigem entsprechendem Stimmkommando, zum Beispiel „Wechsel", zupft man den Pferdekopf sanft am Kappzaum ein wenig nach innen. Ich mache einen deutlichen Schritt seitwärts in die Longierrichtung, nach rechts auf der rechten Hand. Damit verstellt man dem Pferd optisch den Weg. Unter der Longe hindurch wird die Peitsche in die andere Hand gewechselt und etwas vor den Pferdekopf gehalten. So lenkt man das Pferd auf den Weg durch den Mittelpunkt des Longierzirkels. Möglicherweise muss ich dazu selbst noch einen Schritt weiter zurücktreten. Auch die Longe wird in der Hand gewechselt.

Während der Wendung trete ich zügig in Richtung neuer innerer Kruppe ...

... und schicke es wieder auf den neuen Zirkel hinaus.

Mit der Peitsche hinter dem Pferd treiben wir das Pferd wieder hinaus auf den Longierzirkel und kehren dann auf unsere Position in dessen Mitte zurück. Zu dieser Aktion braucht man schon ein gewisses Geschick im Umgang mit seinem Handwerkszeug. Das Aufgreifen, Umwechseln und Wiederabwickeln der Longe muss zügig und ohne Verheddern gelingen. Beim Umwechseln der Peitsche darf man diese nicht fallen lassen oder unbedacht bewegen. Die sanfte Verbindung der Hand zum Kappzaum über die Longe bleibt stetig bestehen. Die Longe sollte dabei nicht stark durchhängen und über den Boden schleifen. Ohne Rucken am Kappzaum werden Peitsche und Longe in den Händen getauscht; gleichzeitig wird das Pferd sanft herumgeleitet.
Der Bewegungsfluss sollte bestehen bleiben; ein fleißiger, ruhiger Schritt ist anzustreben, später auch der Trab. Das Pferd darf nicht hektisch oder stockend reagieren, wenn man ihm auf einmal mit dem Körper und der Peitsche den Weg versperrt. Mit der Stimme wird das Pferd aufgemuntert.

Der Wechsel durch den Zirkel ist eine schwierige Lektion, die einige Übung erfordert. Erst wenn sie im Schritt ruhig und harmonisch gelingt, kann man auch zur entsprechenden Trabarbeit übergehen. Im Galopp ist sie nicht zu empfehlen, denn es müsste ein fliegender Galoppwechsel beim Wechsel von einer Biegung in die andere gefordert werden. Dies wäre nur etwas für weit fortgeschrittene Könner.

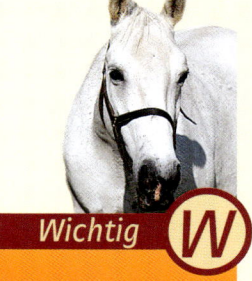

Wichtig

Die Uhr im Auge behalten: Dauer der Longenarbeit
▸ Ab dem Moment, wo ich mein Pferd auf den Longierzirkel hinaustreten lasse und die konzentrierte gute Zusammenarbeit beginnt, sollte ich maximal 40 Minuten rechnen.
▸ Weniger ist oft mehr!
▸ Mensch und Pferd müssen absolut gut aufeinander konzentriert sein. Auch der Mensch selbst hält das meist nur bis zu 40 Minuten aus. Je jünger das Pferd, umso kürzer die Zeit, zu Anfang maximal 10 Minuten!
▸ Und – wenn es gut ist und nicht mehr besser werden kann, auf hören!
▸ Aber immer im Guten aufhören!

Handwechsel

Statt Zügel: Ausbinder

Nach einigen Minuten Schritt und einigen Übergängen von Schritt zum Trab und umgekehrt ist dann der Zeitpunkt gekommen, um die Ausbinder einzuschnallen.

Die richtige Ausbinderlänge finden

Die richtige, passende Länge der Ausbinder zu finden ist nicht ganz einfach. Grundsätzlich gibt es für ein einzelnes Pferd auch nicht einfach die eine passende Länge, sondern es kommt immer darauf an.
Generell ist das Ziel, dass das Pferd das Maul etwa in Buggelenkshöhe hat und bei sanfter Anlehnung an das Gebiss die Stirn-Nasen-Linie an der Senkrechten gehalten wird.
Beim Longieren ist die wichtigste Gangart der Trab. Hier findet das Pferd am einfachsten sein Gleichgewicht, Takt und Losgelassenheit. Deshalb muss die Länge der Ausbinder primär für diese Gangart passen.
Hier gilt es: ausprobieren, sich sein Pferd in der Bewegung kritisch betrachten. Unter Umständen muss man verschiedene Längen ausprobieren. Beim Trab haben wir eine mittlere Länge für die Ausbinder.
Für den Schritt müssten sie etwas länger sein. Wenn ich bei der Longenarbeit nur kürzere Schrittpausen einfüge, muss ich dafür aber die Ausbinder nicht jedes Mal länger schnallen. Beginne ich mit einem untrainierten oder sehr steifen Pferd zunächst mit viel intensiver Schrittarbeit, so sind die Ausbinder dementsprechend länger zu schnallen. Nur so kann das Pferd sich weit nach unten dehnen, und der Schritt wird wenig gestört. Der Takt des Schritts ist von allen Gangarten am störanfälligsten. Hier muss ich mir mein Pferd kritisch anschauen.
Für intensive Galopparbeit mit einem trainierten, schon weiter ausgebildeten, gut gymnastizierten Pferd sollten die Ausbinder ein wenig kürzer sein als bei der Trabarbeit. Für die ersten kurzen Galoppreprisen neben guter Trabarbeit kann man sie aber erst einmal in der Trablänge belassen.
Zu Beginn der Ausbildung eines jungen Pferdes wird länger geschnallt, um das Pferd an das Gebiss zu gewöhnen und nicht Panik wegen der plötzlichen Verschnürung entstehen zu lassen.

Kontrolle, ob die Ausbinder auf beiden Seiten gleich lang sind.

Bei der Arbeit auf einem möglichst großen Zirkel haben die Ausbinder innen und außen die gleiche Länge. Das Pferd gewöhnt sich so schon daran, dass der äußere Zügel später Anlehnung bietet, während am inneren Zügel angenommen und nachgegeben wird. Bei allmählicher Biegung des Pferdes entsprechend der Zirkellinie dehnt sich das Pferd an den äußeren Ausbinder. Der innere wird etwas lockerer.

Die **Grundgangarten**

Jedes Pferd wird durch gute Gymnastizierung in seinen Gangarten besser. Ein junges oder wenig trainiertes Pferd wird an der Longe ohne Reitergewicht schneller sein Gleichgewicht finden. Das Pferd tritt fleißig von hinten, geht im gleichmäßigen Takt in allen Gangarten und sucht die stetige leichte Anlehnung an das Gebiss.

Der Schritt

Der Schritt ist eine schreitende Gangart im Viertakt. Mit den Hinterbeinen soll das Pferd weit untertreten. Der Hinterhuf fußt dabei in die Spur des entsprechenden Vorderhufes oder sogar davor.
Gleichgewichtsprobleme des Pferdes zeigen sich im Schritt sehr deutlich. Das Pferd „eiert" auf der Zirkellinie. Beim Reiten hat man auf einem jungen, nicht gymnastizierten Pferd manchmal ein Gefühl wie auf einem schwankenden Schiff. Der Viertakt ist ungleichmäßig, das Tempo wechselt. Es ist nicht einfach, einem Pferd an der Longe einen fleißigen, raumgreifenden, gleichmäßigen Schritt beizubringen. Solch ein Schritt ist anstrengend für das Pferd und bedeutet schwere körperliche Arbeit.

Auf das Treiben mit der Stimme oder Peitsche reagiert das Pferd manchmal mit Antraben. Ganz geduldig muss man vorsichtig wieder durchparieren und noch sanfter, aber dennoch deutlich treiben. Je jünger und weniger gymnastiziert ein Pferd ist, umso kürzer bleiben zunächst die Phasen mit guter Schrittarbeit.

Ungestüme Pferde, die durch das Treiben im Schritt immer hektischer werden, sollten vor der Schrittarbeit durch ruhige und gleichmäßige Trabarbeit besänftigt werden. Danach folgen allmählich kurze Schrittphasen.

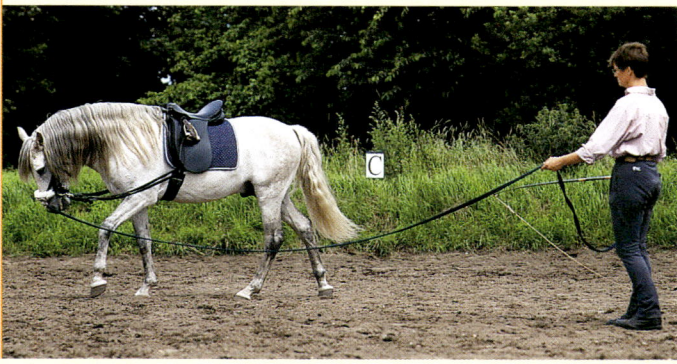

Fleißiger Schritt in guter Selbsthaltung

Der Trab

Der Trab ist an der Longe die wichtigste und am häufigsten genutzte Gangart. Vor allem ein junges oder wenig gymnastiziertes Pferd geht im Trab den runden Zirkel von Anfang an gleichmäßiger. Von Natur aus entwickelt das Pferd im Trab mehr Schwung und läuft dadurch gerader, wird geschmeidiger, die Muskulatur wird beansprucht und dadurch gestärkt. Es findet auf dem Zirkel bald sein Gleichgewicht.

Wichtig ist das zum Pferd passende Tempo für den guten, fleißigen und gymnastizierenden, aber nicht eiligen Trab. In diesem Tempo wird der Trab gleichmäßig, rhythmisch und sieht harmonisch aus. Das Pferd beginnt sich zu entspannen und geht losgelassen. Es lässt Kopf und Hals fallen und lehnt sich allmählich sanft an das Gebiss an. Mit dem Maul etwa auf Höhe des Buggelenkes muss die Ausbinderlänge so gewählt sein, dass die Stirn-Nasen-Linie an der Senkrechten gehalten wird. Hier gilt es: kritisch schauen, unterschiedliche Ausbinderlängen ausprobieren. Hier muss man genau sein, denn nur so ergibt sich der gymnastische Effekt der Longenarbeit. Das Pferd lernt die korrekte Haltung kennen, die es unter dem Reiter annehmen muss, um ihn richtig und ergonomisch zu tragen. Bei fortgeschrittenem Training sieht man den Rückenmuskel in der Lendengegend schwingend arbeiten und die „Arbeitslinie" des Bauchmuskels wird sichtbar, etwa eine Handbreit oberhalb der unteren Bauchlinie.

Trabverstärkung

In einer Hälfte einer Reitbahn wird das Pferd in einem ruhigen, gleichmäßigen, fleißigen Trab longiert. Von der Ecke aus lässt man das Pferd gerade werden und schickt es auf die lange Seite, an der Begrenzung des Platzes entlang. Mit der Longe gibt man dazu am Kappzaum sanft nach, mit gleichmäßigem Kontakt.

Der Longierer dreht sich und läuft parallel auf der Höhe der Schulter des Pferdes etwa auf der Mittellinie der Reitbahn mit. Mit der Stimme und mit der ruhig hinter das Pferd gehaltenen Peitsche fordert man eine Verstärkung des Trabs, das heißt eine Verlängerung der Trabtritte.

Hierzu gehört einiges Fingerspitzengefühl. Manche Pferde erschrecken sich erst einmal, wenn der Mensch auf ein-

Trabverstärkung an der langen Seite des Reitplatzes

Galopp in guter Biegung und Selbsthaltung

Der Galopp
Für das junge oder wenig gymnastizierte Pferd ist diese Gangart in der Reitbahn die schwierigste – an der Longe und unter dem Reiter. Die Differenz zwischen guter und schlechter Hand tritt deutlich hervor. Durch motorradähnliche Schieflage, durch Losrennen oder Rückkehr zum Trab versucht das Pferd wieder sein Gleichgewicht zu finden.

Auch in der Natur galoppieren Pferde relativ wenig: vor allem auf der Flucht oder im Spiel. In Kurven beobachtet man, dass das Pferd sich im Galopp noch deutlicher nach außen biegt.

Es ist ein langer und trainingsintensiver Weg, seinem Pferd einen ruhigen, runden, schön aufwärts gesprungenen

mal so forsch neben ihnen mitrennt. Vorsicht ist auch mit der Peitsche geboten. Beim zügigen Mitlaufen muss sie ruhig und auf Sprunggelenkshöhe gehalten werden. Nur zum deutlicheren Treiben – nachdem das Pferd das Stimmkommando nicht befolgt hat – wird sie bei Bedarf etwas höher gehalten oder wird aus dem Handgelenk heraus schnell von unten nach oben geführt.

Bei der Verstärkung des Trabtempos fallen einige Pferde in den Galopp. Dies passiert wegen des noch fehlenden Gleichgewichtes. Auf keinen Fall wird das Pferd für diesen vermeintlichen Fehler oder Ungehorsam gestraft! Ganz in Ruhe pariert man zum Trab durch, entwickelt wieder Takt, Rhythmus und Ruhe im Trab und startet dann erneut zur Arbeit auf der Geraden mit sanfterer Verstärkung des Tempos. Ohne Hektik versteht der kleine Pferdeschüler allmählich besser, was wir wollen. Das sanfte Steigern des Tempos und das vorsichtige Zurückführen lässt das Pferd geschmeidiger, lockerer und kraftvoller werden.

Wichtig

Die „Schokoladenseite" im Galopp
Für die erste Galopparbeit an der Longe sollte man sein Pferd schon beim Toben und Freilaufen beobachtet haben, um herauszufinden, auf welcher Seite es häufiger und womöglich fast immer galoppiert. Mit dieser Seite beginnt man die Lektion Galopp an der Longe. Es kommt durchaus vor, dass ein Pferd besser auf der Hand galoppiert, wohin es von Natur aus nicht gebogen ist. Der Grund dafür: Bei einer leichten Biegung nach rechts – zum Beispiel – fällt es dem Pferd leichter, mit dem linken Hinterbein deutlich unter seinen Körper zu treten. Also würde es den Linksgalopp bevorzugen, obwohl bzw. weil die rechte Seite seine hohlgebogene ist.

Galopp in korrekter Biegung beizubringen. Aber es lohnt sich.
Wenn unser Longierkandidat nun in schöner Selbsthaltung im Gleichgewicht fleißig trabt, so kann mit der Galopparbeit begonnen werden. Wie immer beginnen wir auch bei dieser neuen Lektion auf der dafür besseren Seite des Pferdes.

Günstig ist ein möglichst großer Zirkel mit Umzäunung oder Bande. Um etwas mehr zu treiben und um den Zirkel noch weiter zu vergrößern, geht der Longierer in der Zirkelmitte in einem kleinen Kreis mit. Mit deutlich aufforderndem, ermunterndem Kommando verlangt man den Galopp, möglicherweise mit zusätzlicher Hilfe der Peitsche. Der erste Galopp an der Longe wird ganz sicherlich nicht schön langsam und gesetzt ausfallen, sondern eher etwas hektisch und ungelenk. Wichtig ist nur, dass unser Pferd korrekt mit dem richtigen Handgalopp reagiert hat und wir dann auch loben, laut und deutlich!
Gute Galopparbeit ist für beide anstrengend: Vom Longierer werden absolute Konzentration, schnelle Beobachtungsgabe und Reaktion und das richtige Fingerspitzengefühl gefordert. Das Galopptraining erfordert vom Pferd viel Kraft und Kondition. Gerade zu Anfang sollten die Galoppaden nur wenige Male pro Seite und kurz sein. Wenn der Galopp dann immer ruhiger und im Takt und Rhythmus der Sprünge gelingt, muss auch hier daran gearbeitet werden, dass das Pferd sich immer mehr entspannt und lockerer wird. Im Galopp wölbt es den Rücken auf, um so mehr, je mehr es kraftvoll von hinten unterspringt.
Ganz vorsichtig schnallt man bei vermehrter Galopparbeit die Ausbinder kürzer als im Trab. Hier sind einige Erfahrung und ein geschultes Auge nötig. Außer bei wirklich guten Pferden mit einem erstklassigen Galopp dauert der Weg zu einem runden, gesetzten Galopp sehr lange.

Angaloppieren im Außen- oder Kreuzgalopp

Der Außen- und der Kreuzgalopp sollten an der Longe sofort beendet werden, man pariert wieder zum Trab durch. Beides zeigt das Pferd nicht, um uns zu ärgern!
Durch fast überfallsartiges Treiben haben wir ihm möglicherweise zum Angaloppieren zu viel Druck gemacht. Oder unser Pferd ist zum korrekten Angaloppieren auf der Biegung noch nicht fähig.
Versuchen wir es also zunächst mit sanfterem, aber dennoch deutlichem Treiben, nachdem das Pferd im Trab wieder zu Ruhe und Gleichmäßigkeit gefunden hat. Dabei ist ganz wichtig, dass die Gangart, von der ich in die nächste wechseln lassen möchte, erst korrekt und taktmäßig gegangen wird.

Nach sinnvoller Arbeit, bei der das Pferd hinten gut untergetreten hat, entsteht zwischen den Hinterbeinen durch den Schweiß weißer Schaum.

Wenn dem Pferd das Angaloppieren in der Biegung schwer fällt, kann ich ihm ein wenig helfen: Im Moment des Angaloppierens gebe ich mit der Longe am Kappzaum so weit nach, dass das Pferd für diesen kurzen Moment seinen Kopf leicht nach außen nehmen kann. Bei diesem Geradestellen oder sogar leichten Nach-außen-Biegen fällt es dem Pferd leichter, mit dem inneren Hinterfuß deutlich unter seine Masse zu setzen. Empfehlenswert ist dies in einer Ecke der Reitbahn, damit eine äußere Begrenzung da ist und das Pferd das Nachgeben nicht zum Flüchten nutzen kann. Wenn es so korrekt angaloppiert ist, sollten Sie richtig deutlich loben! Das Pferd hat sich enorm angestrengt!

Wer entsprechend mit der Peitsche umgehen kann, touchiert mit der Peitschenschnur zum Angaloppieren ganz leicht den inneren Hinterschenkel. Fordern wir maximal zwei Runden Galopp, auf einem möglichst großen Zirkel. Ganz vorsichtig bringt man dabei das Pferd durch leichtes Annehmen am Kappzaum dazu, sich ein wenig in die richtige Richtung zu biegen.

Pferd galoppiert nicht an, rast im Trab los
Das Pferd reagiert auf das vermehrte Treiben im Trab, aber falsch. Statt wie gewünscht anzugaloppieren, rast es im Trab los. Nur ganz, ganz selten ist dies wirklicher Ungehorsam oder echte Widersetzlichkeit vom Pferd!!! Deshalb sollte man hier mit Strafen vorsichtig sein. Stattdessen beruhigen wir unser Pferd und führen es zu gelassenem Tempo zurück. Hier gibt es nur eins: zurück zu guter Trabarbeit, bis in dieser Gangart die Grundlagen Takt und Rhythmus, Losgelassenheit, Anlehnung und konstante korrekte Biegung absolut erfüllt sind. Wenn man sich also sicher sein kann, dass das Pferd mit dem Galopp an der Longe nicht mehr überfordert ist, dann muss man – egal wie – wirklich bis zum Angaloppieren treiben. Natürlich ist das in dem Moment keine harmonische Arbeit mit dem Pferd mehr. Dass der Übergang Trab – Galopp dann allmählich ruhiger, prompter und fließender gelingt, ist die nächste zu erarbeitende Lektion, die mit Ruhe angegangen wird.

Wenn das Pferd mehr Gänge hat: Tölt und Pass an der Longe?

Einige Gangpferde wie Isländer, töltende Traber, Peruanische Pasos und andere zeigen an der Longe statt des Trabs eher Tölt oder Pass.
Falls das jeweilige Pferd körperlich überhaupt in der Lage ist zu traben, so sollte man grundsätzlich so weit kommen, dass das Pferd an der Longe Trab geht. Vom gymnastischen Effekt ist dies wichtig: Im Trab findet das Pferd auf der gebogenen Linie am schnellsten sein Gleichgewicht, entwickelt in dieser Gangart am ehesten Takt und Rhythmus, Losgelassenheit, Anlehnung und Schwung. Häufig erleichtert man einem Pferd diese Anforderung, indem man auf möglichst großem Zirkel arbeitet oder sogar sofort auf ganzer Bahn. Bis das Pferd einigermaßen sicher trabt, lasse ich die Ausbinder zunächst weg oder schnalle sie möglichst lang. Vorsicht ist geboten, wenn das Pferd die Anlehnung an den Hilfszügel gleich nutzt, um wieder zu tölten. Wenn Gangpferde sich sehr verspannen, zeigen sie an der Longe auch den Pass, aber keinen Rennpass, sondern einen watscheligen Schweinepass, völlig ohne Biegung. Dies hat gar keinen gymnastischen Effekt. Mit Arbeit auf der ganzen Bahn kann man bei forciertem Tempo versuchen, doch zum Trab zu kommen.

Wenn das Pferd aufgrund psychischen Stresses verspannt ist, muss mit viel Geduld und Vorsicht gearbeitet werden. Hier ist ein Schritt zurück erforderlich. Sehen wir das Longieren als erweiterte Bodenarbeit an langer Leine, bis das Pferd mehr Vertrauen hat. Mit der ruhigen Arbeit über Stangen bringt man solch ein Pferd unter Umständen dazu, sich endlich vorwärts-abwärts zu dehnen, um allmählich zu mehr Entspannung und auf diesem Weg zum Trab zu kommen.

Ganz ohne Trab ist der wahre gymnastische Effekt der Longenarbeit nicht zu erreichen. Wir können am Schritt arbeiten, die Übergänge üben, den Galopp ausprobieren. Doch der Trab muss vorangestellt werden.

Gymnastik für einen Isländer: fleißiger Trab in guter Vorwärts-abwärts-Haltung

Und *immer wieder:* Übergänge, *Übergänge* Übergänge

Zur Gymnastizierung, zur Förderung von Mitarbeit und Gehorsam und gegen Langeweile werden an der Longe Übergänge geübt. Sie sind zusätzlich die beste Methode, um ein Pferd dazu zu bringen, sich vorwärts-abwärts zu dehnen, Kopf und Hals fallen zu lassen, sich zu lockern, zu entspannen und sich allmählich an das Gebiss heranzudehnen und Anlehnung zu finden.

Die ersten Übergänge, die unser Longierschüler kennen lernt, sind Schritt – Trab, Trab – Schritt, Schritt – Anhalten, Anhalten – Schritt. Jede Gangart wird kurz, aber fleißig gefordert. Falls unser Pferd schon den Galopp an der Longe beherrscht, werden kurze Trab- und Galoppreprisen abgewechselt. Kurz heißt: eine halbe bis maximal eine Runde auf der Zirkellinie.

Hier müssen die Grundlagen bereits beherrscht werden: Treiben und Verlangsamen und korrektes Anhalten auf der Zirkellinie, beim Longierer und beim absolut gehorsamen Pferd. Defizite hierin müssen schnellstens nachgeholt werden.

Werden die grundlegenden Übergänge vom Pferd sicher und gehorsam beherrscht, fängt man an schwierigere Übergänge zu fordern: Anhalten – Trab, Trab – Anhalten, Schritt – Galopp, Galopp – Schritt.

Wie soll ein guter Übergang aussehen?

Zum Übergang in eine neue Gangart treibt bzw. beruhigt man mit der Stimme, unter Umständen unterstützt durch die sanft angehobene Peitsche. Ohne Hektik, sanft gleitend, wie fließend soll das Pferd prompt die neue Gangart angehen. Ein weiter ausgebildetes Pferd wird mit einer halben Parade aufmerksam gemacht: ein kleines Annehmen und Nachgeben der Longe am Kappzaum durch eine kleine Drehung im Handgelenk.

Das Pferd lernt die nachgebende Hand kennen, lernt, dem Gebiss nachzugehen, sich sanft daran anzulehnen. Das also, was wir auch unter dem Sattel erreichen wollen.

Ziel ist es, dass das Pferd in allen Gangarten und bei den Übergängen in dieser Haltung ruhig verbleibt. Das ist ein weiter, sehr trainingsintensiver Weg. Grundsätzlich gilt, dass die Ausgangsgangart zunächst korrekt sein sollte: fleißig, aber ruhig im Tempo und in der korrekten Haltung.

Mit geschultem Auge erkennt man, dass das Pferd bei den ersten ein bis zwei Schritten in der neuen niedrigeren Gangart enorm weit untertritt. Bei gleichzeitigem Fallenlassen von Kopf und Hals bei nachgiebiger Hand des Longierers bzw. später Reiters wird hierbei der Rücken vom Pferd deutlich nach oben aufgewölbt. Dies ist die zu erreichende Gymnastizierung.

Diese Ausbinder sind zu kurz: Bei „falschem Knick" zwischen dem zweiten und dritten Halswirbel gerät die Stirn-Nasen-Linie hinter die Senkrechte.

Anlehnung und Anlehnungsfehler

Zur sinnvollen Gymnastizierung wird das Pferd an der Longe mit Ausbindern longiert, damit es – wie am Zügel – eine Anlehnung hat bzw. finden kann. Leider bringt kein Pferd von Natur aus das Wissen über die vom Reiter gewünschte Anlehnung mit. Es ist also Aufgabe des Ausbilders, das Pferd durch sinnvolle Arbeit dazu zu bringen, das Gebiss anzunehmen, sich sanft daran anzulehnen und dem Druck des Gebisses so nachzugeben, dass das Pferd im Genick korrekt nachgibt und locker wird.

Bei jungen Pferden, denen man genügend Zeit gibt, sich mit dem Gebiss und der Ausbindung vertraut zu machen, kann man beim Longieren beobachten, wie sie vieles selbst ausprobieren: gegen das Gebiss drücken, ein wenig mit der Stirn-Nasen-Linie nach hinten ausweichen, wieder drücken, leichtes Schlackern des Kopfes von rechts nach links und umgekehrt, ausweichen, kauen usw.

Viele finden dann von selbst den für sie angenehmen weichen Kontakt zum Gebiss am Ausbinder und geben dem Druck des Gebisses durch Abknicken im Genick leicht nach.

Anlehnungsfehler – Falscher Knick, hinter der Senkrechten

Man spricht vom „falschen Knick", wenn das Pferd dem Druck des anstehenden Gebisses nicht am Genick nachgibt, sondern etwa zwischen dem zweiten und dritten Halswirbel abknickt. Diese Stelle bildet dann den höchsten Punkt, den bei korrekter Anlehnung eigentlich das Genick darstellen sollte. Meist rollt sich das Pferd im Hals dabei ein, sodass die Stirn-Nasen-Linie hinter die Senkrechte kommt. Der Rücken wird festgehalten und schwingt nicht locker. Die Hinterbeine treten nicht gut unter, werden nach hinten herausgestellt.

▶ **Mögliche Gründe:** Die Ausbinder sind zu kurz verschnallt bzw. für das Pferd in diesem Ausbildungsstand noch zu früh so kurz gestellt.
Wenn das Pferd zusätzlich matt daherlatscht, wird zu wenig getrieben. Das Pferd will der anstrengenden Arbeit über den Rücken mit gutem Untertreten der Hinterbeine ausweichen.

Beim Longieren mit Halsverlängerer oder Schlaufzügel gleitet das Pferd beim Versuch der konstanten Anlehnung mit den Trensenringen in der Ausbindung nach unten und nach hinten.

▶ **Korrektur:** Die Möglichkeiten der Korrektur ergeben sich aus den Ursachen. Schlaufzügel oder Halsverlängerer sollte man durch Ausbinder in korrekter Länge ersetzen. Die Ausbinder müssen so lang geschnallt werden, dass das Pferd die Stirn-Nasen-Linie wirklich an die Senkrechte nehmen kann. Je lockerer und entspannter ein Pferd allmählich geht, umso tiefer lässt es Kopf und Hals fallen. Als ungefähre Richtlinie kann man sagen, dass sich das Maul auf Höhe des Buggelenks befinden soll. Man sollte sich nicht scheuen, unterschiedliche Längen der Ausbinder auszuprobieren.

Anlehnungsfehler – Hinter dem Zügel

▶ **Mögliche Gründe:** Meist verkriecht sich das Pferd und vermeidet damit das fleißige Treten von hinten bei aktivem, lockerem Rücken.
Möglicherweise hat das Pferd bereits eine gefühllose harte Reiterhand kennengelernt und hat Stress vor dem Gebiss.

▶ **Korrektur:** Auch bei diesem Anlehnungsfehler ist das Pferd dazu zu bringen, fleißig von hinten zu treten, um sich allmählich nach vorwärts-abwärts an das Gebiss heranzudehnen. Viele gute Übergänge Trab – Schritt und Galopp – Trab mit ausreichend nachgebender Hand bringen das Pferd dazu, das Gebiss anzunehmen.
Schwieriger ist es bei einem ängstlichen Pferd. Hier muss man die Ausbinder erst etwas kürzer schnallen und allmählich wieder länger, damit das Pferd bei fleißiger Arbeit und bei guten Übergängen dem Gebiss „folgt".

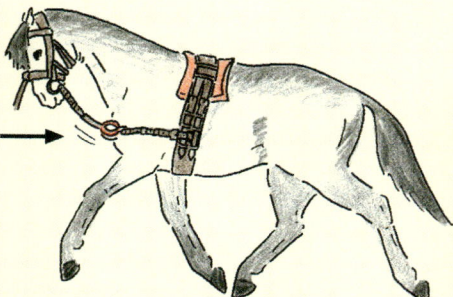

Anlehnungsfehler: Das Pferd verkriecht sich hinter dem Zügel, weicht der Anlehnung an das Gebiss aus.

> **Wichtig**
> Damit sich das Pferd wirklich an das Gebiss herandehnt, muss es fleißig von hinten treten. Ein entsprechendes Maß an treibender Hilfe (Stimme, Peitsche) bei gutem Gehorsam des Pferdes gehört dazu. Vor allem viele, viele Übergänge Schritt – Trab und Trab – Schritt fördern die Dehnung nach vorwärts-abwärts und das fleißige Untertreten der Hinterbeine.

Hier ist ein Stück weit Erfahrung nötig. Mit den kürzer geschnallten Ausbindern darf man dem Pferd keinen Stress machen, denn es soll ja wieder Vertrauen zum Zügel bzw. zum Gebiss bekommen.

Anlehnungsfehler – Auf dem oder gegen den Zügel

Das Pferd macht sich im Genick steif und geht gegen das Gebiss an.

Mögliche Gründe: Der Longierer treibt zu wenig, bzw. das Pferd missachtet die treibenden Kommandos und latscht irgendwie daher. Fleiß und Schwung, vor allem im Trab, werden nicht erarbeitet; die Hinterbeine treten von hinten nicht gut unter.
Das Pferd will im Genick nicht nachgeben, setzt dem Widerstand entgegen. Unter Umständen hat das Pferd gewissen Stress durch schon zu kurze Ausbinder, womit es sich im aktuellen Ausbildungsstand auf der Biegung noch nicht im Gleichgewicht locker selbst tragen kann. Es benutzt das Gebiss als Stütze.

Anlehnungsfehler: Das Pferd legt sich starr auf den Zügel, geht dagegen an, gibt im Genick nicht nach.

Korrektur: Über gute, fleißige Trabarbeit sollte mehr Schwung entwickelt werden. Günstig sind auch Tempounterschiede im Trab oder Wechsel zwischen Arbeit auf dem Zirkel und der ganzen Bahn mit Verlängerung der Tritte auf der Geraden. Viele, viele Übergänge mit korrektem Nachgeben der Hand an der Longe sollten das Pferd zum Nachgeben im Genick animieren.
Zusätzlich nehmen wir über den Kappzaum den Kopf des Pferdes sanft nach innen und lassen nach wenigen Schritten bzw. Tritten wieder los, wieder nach innen, wieder los. Das heißt, wir lassen den Pferdehals ein wenig pendeln, nach innen und wieder gerade, um ihn locker zu machen.
Zeigt das Pferd noch Gleichgewichtsprobleme und Taktfehler, so lässt man versuchsweise die Ausbinder zunächst etwas länger.
Des Weiteren kann man das Pferd mit zunächst langen Ausbindern auch über Stangen treten lassen, um die Rückentätigkeit zu fördern. Longieren mit Gogue oder Chambon für eine kurze Zeit kann dem Pferd den Weg nach vorwärts-abwärts zeigen.
Wenn bei wirklich korrektem Longieren mit passender Ausbinderlänge dieser Anlehnungsfehler auf Dauer bestehen bleibt, ist zu überlegen, ob das Pferd wirklich locker im Rücken schwingen kann oder ob es körperliche Probleme und Schmerzen hat.

Junger Friesenhengst in korrekter Vorwärts-abwärts-Dehnungshaltung mit guter Anlehnung an die Trense

Anlehnungsfehler – Über dem Zügel

Mögliche Gründe: Das Pferd will im Genick nicht nachgeben, es leistet Widerstand. Meist fehlt auch der Fleiß und Schwung in den Gangarten oder das Pferd rast ungehorsam herum. Hier ist erst einmal der Gehorsam wiederherzustellen.
Ein junges oder longenunerfahrenes Pferd hat womöglich Stress vor dem Gebiss. Hier muss mit der Ausbinderlänge vorsichtig agiert werden.

Korrektur: Nachdem der Gehorsam für Treiben, Verlangsamen und Zuhören wiederhergestellt ist, sollte man probeweise die Ausbinderlänge variieren, um das Pferd zum Nachgeben im Genick zu veranlassen, ohne Stress auszulösen.
Übergänge, Tempounterschiede und Stangenarbeit bringen ein Pferd dazu, sich vorwärts-abwärts zu dehnen und sich zu entspannen.

Zusätzlich nehmen wir über den Kappzaum den Kopf des Pferdes sanft nach innen und lassen nach wenigen Schritten bzw. Tritten wieder los, wieder nach innen, wieder los. Das heißt, wir lassen den Pferdehals ein wenig pendeln, nach innen und wieder gerade, um ihn locker zu machen.
Für kurze Zeit ist der Einsatz von Chambon oder Gogue zu empfehlen, um dem Pferd den Weg in die Vorwärts-abwärts-Dehnungshaltung deutlicher zu machen.

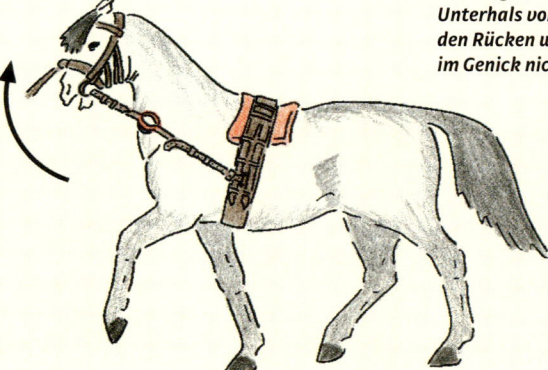

Anlehnungsfehler: Das Pferd geht über dem Zügel, schiebt den Unterhals vor, drückt den Rücken weg. Es gibt im Genick nicht nach.

Kleine und große Runden: Zirkel verkleinern und vergrößern

Wenn das Pferd auf der möglichst großen Zirkellinie zumindest bereits im Trab Takt und Losgelassenheit gefunden hat, kann man ganz vorsichtig anfangen, den Zirkel etwas zu verkleinern, um ihn anschließend wieder zu vergrößern. Im Übrigen bringt dies Abwechslung in die Arbeit und lässt das Pferd aufmerksamer werden.
Der Longierer bleibt an seiner Position stehen und verkürzt nach und nach die Longe, ohne Rucken am Kappzaum und die Schlingen dabei gleichmäßig und unverdreht einsammelnd. Manche Pferde biegen sich besser und leichter auf einen kleineren Zirkel, wenn der Longierer ein Stück weit mehr Richtung Kruppe steht bzw. dazu dorthin tritt.

Wichtig ist, dass der Takt der jeweiligen Gangart auf dem kleineren Zirkel bestehen bleibt, dass Rhythmus und Schwung nicht verloren gehen, das Pferd nicht stockt oder aufgrund der stärkeren Anforderung oder mehr Nähe zum Menschen eiliger wird.
Auf dem engeren Zirkel muss sich das Pferd mehr biegen, was anstrengender für das Pferd ist und wieder zu Gleichgewichtsproblemen führen kann. Der innere Hinterfuß muss mehr untertreten, mehr Last aufnehmen. Das Verkleinern des Zirkels muss also über längere Zeit und mit allmählicher Steigerung immer wieder geübt werden.
Diese Lektion wird im Trab zum ersten Mal ausgeführt. Mit einem schon besser gymnastizierten Pferd arbeitet man diese Lektion natürlich auch im Schritt. Der Zirkel kann dabei bis auf einen Radius von ca. 2 Metern verkleinert werden. Ob Takt, Rhythmus, Fleiß und Losgelassenheit im Schritt auch in der engeren Biegung gut erhalten bleiben, muss kritisch betrachtet werden.
Im Galopp ist das Verkleinern des Zirkels enorm schwer, da es vom Pferd eine sehr gute Versammlungsfähigkeit erfordert. Dies ist sehr, sehr anstrengend und es schaffen meist nur gut und lange ausgebildete Dressurpferde bei entsprechendem Training. Denn diese Gangart ist bereits auf dem großen Zirkel ein Balanceakt.
Um den Zirkel wieder zu vergrößern, lässt man die Longe bei stetigem

Bis auf 20 m Durchmesser vergrößerter Zirkel: Der stetige Kontakt zwischen Hand-Longe-Kappzaum bleibt erhalten.

Kontakt zum Kappzaum wieder länger werden, indem man die Longe durch die Hand gleiten lässt. Hierzu sollten natürlich auf der Longe keine Stege aufgenäht sein. Die Biegung wird vom Pferd nur dann prompt wieder vergrößert, wenn es eine stetige, aber sanfte Anlehnung mit leichtem Zug an der Longe aufrecht erhält. Drängelt das Pferd immer wieder zum Longierer herein, sodass die Longe durchhängt, muss es durch das Nach-vorne-Führen der Peitsche zur Schulter wieder nach außen getrieben werden.

Nur für schnelle Leute: Auf der ganzen Bahn arbeiten

Zur weiteren Vorbereitung für das Reiten wird auch auf der ganzen Bahn longiert. Wir arbeiten unser Pferd an einem Ende der Bahn oder sogar in einer Ecke auf einem etwas kleineren Zirkel. Wenn das Pferd auf dem Hufschlag an der Bande ankommt, mit Richtung auf die offene Seite, lassen wir es auf den Hufschlag hinauslaufen. Dazu dreht man sich selbst ein Stück weit in die Bewegungsrichtung und läuft parallel zum Pferd mit. Der stetige Kontakt über die Longe zum Kappzaum bleibt dabei ohne Rucken erhalten. Wir befinden uns weiterhin auf der Schulterhöhe des Pferdes. Weiter davor würden wir bremsend wirken, mehr dahinter

C Check

Arbeit auf der ganzen Bahn

○ **Individuell:** Beim einzelnen Pferd gilt es herauszufinden, wieviel Treiben bzw. Bremsen es braucht, um im gleichmäßigen Rhythmus und Schwung der jeweiligen Gangart zu verbleiben.

○ **Nicht überfordern:** Beim Beginn dieser Lektion muss man mit seinem Vierbeiner etwas nachsichtig sein (er ist es ja auch mit uns). Möglicherweise versteht er nicht sofort, was wir von ihm wollen. Manch ein zart besaitetes Pferdchen erschreckt sich zunächst, wenn wir auf einmal so forsch neben ihm herrennen.

○ **Viel Übung:** Das ruhige Halten der Peitsche gelingt den wenigsten Menschen auf Anhieb, wenn sie gleichzeitig durch den nie ganz ebenen Boden einer Reitbahn traben sollen.

○ **Und zurück:** Um das Pferd wieder auf einen Zirkel oder kleiner auf eine Volte zu führen, bleibt man allmählich stehen, tritt etwas zur Kruppe und nimmt das Pferd sanft, ohne Rucken am Kappzaum wieder auf die Biegung.

unter Umständen zu stark treibend. Die Peitsche wird ruhig hinter das Pferd gehalten.
Der häufige Wechsel von Biegung auf dem Zirkel oder der Volte und Geraderichten über die ganze Bahn fördert die Aufmerksamkeit des Pferdes. Gerade im Trab ist der gymnastizierende Effekt enorm und über die Verstärkung des Tempos auf der Geraden kommt man zu mehr Schwungentfaltung.

Isländer in guter Haltung im Trab über Stangen

Für mehr Aktion: über Stangen traben lassen

Mit der Arbeit über Stangen wird ein gelangweilter Pferdeschüler wieder zu mehr Aktivität und Aufmerksamkeit angeregt. Möglicherweise schlurft unser kleiner Träumer auch ein bisschen und soll dazu gebracht werden, seine Füße aktiver anzuheben und damit die Rückentätigkeit zu fördern.
Mit mindestens fünf Stangen hintereinander fängt man im Schritt an. Die Schritt- bzw. Trittlänge ist bei jedem Pferd individuell. Für sein jeweiliges Pferd sollte man es ausprobieren.
Im Trab beträgt die Distanz der einzelnen Stangen voneinander 1,00 bis 1,50 Meter. An der Umzäunung des Reitplatzes legt man die Stangen so hin, dass sich auf einer Seite eine Begrenzung ergibt.
Zu Beginn der Arbeit führt man das Pferd an der Hand über die Stangen, lässt es sie stressfrei anschauen, geht in aller Ruhe mit ihm darüber hinweg. Mit entsprechendem Lob natürlich!
Dasselbe noch einmal im Trab.

Dann sollte das Pferd eigentlich so weit sein, dass es allein an der Longe ruhig über die Stangen geht. Dazu wird das Pferd so an die Stangen gelenkt, dass es sie in der Mitte und nahezu gerade überqueren kann und muss. Wichtig ist hier, dass Takt, Losgelassenheit und Schwung der jeweiligen Gangart erhalten bleiben. (Ausbinderlänge beachten!) Nur wenn das Pferd bei dieser Übung locker und entspannt bleibt, wird die Aktivität der Rückenmuskulatur gefördert und der Rücken weiter hoch gewölbt, indem das Pferd aktiver die Beine anhebt und die Hinterbeine schwungvoll weit unter den Schwerpunkt des Körpers geführt werden. Dies ist sehr anstrengend für das Pferd: körperlich und auch psychisch wegen

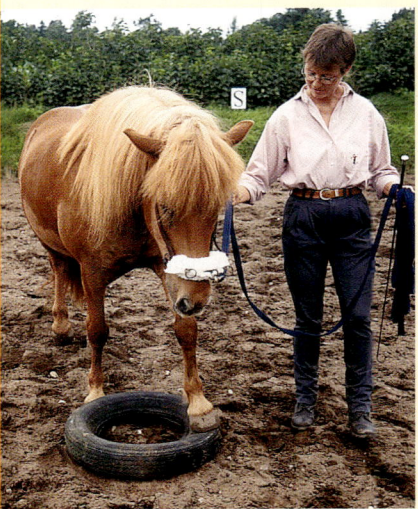

Spielerei nach anstrengender Longenarbeit: Atli ertastet den Reifen und wird seine Vorderhufe hineinstellen.

Ein erfahrenes „Trailpony" kann allein auf einer großen Plane stehen.

Zum Abschluss der Arbeit: Kompliment.

der erforderlichen Konzentration, um ohne Anticken über die Stangen zu kommen.
Deshalb üben wir diese Lektion nicht endlos. Auf einer großen Reitbahn können zum Beispiel an einer langen Seite einige Stangen hingelegt werden, um bei der Arbeit auf der ganzen Bahn das Pferd über die Stangen treten zu lassen. Bei anschließender Zirkelarbeit umgeht man die Stangen.

Zur Abwechslung: Longieren über
Trailhindernisse

Wie über die Stangen können wir unser Pferd an der Longe auch über Trailhindernisse gehen lassen. So kann man schon sein junges, noch nicht reitbares Pferd anspruchsvoller arbeiten oder auch einen älteren, vielleicht aber doch noch etwas schreckhaften Vierbeiner mehr abhärten.
Für diese Arbeit reicht die Ausrüstung des Pferdes mit Kappzaum und Longe. Ausbinder oder andere Hilfszügel verwenden wir nicht, damit das Pferd sich ungehindert die furchteinflößenden Dinge auf dem Boden genau anschauen und auch berühren kann.
Das Pferd sollte bereits Bodenarbeit über Trailhindernisse kennen. An der Longe werden die Ansprüche höher, da das Pferd ohne den Ausbilder vor oder neben sich, ganz allein und selbständig arbeiten und ruhig gehen soll. Man braucht eine gewisse Erfahrung, um entscheiden zu können, ob man seinen Vierbeiner vermehrt von hinten treiben muss. Dazu bleibt der Mensch etwa auf Höhe der Kruppe. Hilft es dem Pferd mehr, wenn man weder treibend noch verbremsend, aber näher bei ihm auf Schulterhöhe ist? Oder muss man eher etwas bremsen und steht deshalb auf der Höhe seines Kopfes?
Auch diese Arbeit erfordert volle Konzentration aufeinander. Gerade hier kann man mit Lob viel erreichen, wenn man sein Pferd schon im Ansatz der richtigen Reaktion oder Arbeit lobt und damit in seiner Absicht bestärkt. So entwickelt sich immer mehr Vertrauen des Pferdes zu sich selbst und zum Ausbilder.
Bei den Trailhindernissen ist der Fantasie kaum eine Grenze gesetzt, außer dass das Pferd sich daran natürlich nicht verletzen können darf.
Einige Beispiele: Plastikplane, Reifenbeet, Brücke aus stabilen Planken, große bunte Tonnen, die eine Gasse bilden, durch die das Pferd hindurchgeht.

Wir fangen an – Anlongieren

eines Jungpferdes

Mit gutem und sinnvollem Longieren bereiten wir unser Jungpferd optimal für das Reiten vor, gymnastizieren und trainieren es. Behutsam und vorsichtig erziehen wir es dabei zu einem gehorsam, vertrauensvoll und motiviert mitarbeitenden Reitpferd.

Alter und Entwicklungsstand

Grundsätzlich sollte man mit dem Longieren nicht zu früh beginnen. Frühestens mit zweieinhalb Jahren, besser erst mit drei Jahren ist ein Pferdekind zu dieser Arbeit heranzuziehen. Viele Pferderassen gelten als Spätentwickler und werden erst mit vier Jahren in die Ausbildung genommen.
Körperlich sollte unser Jungpferd schon gut entwickelt und kräftig sein, denn Longieren bedeutet erstes richtiges körperliches Training für das Pferd.

Zuerst gute Bodenarbeit
Bevor der kleine Pferdeschüler zum ersten Mal an die Longe genommen wird, ist es von von Vorteil, wenn er schon eine gewisse Erziehung an der Hand genossen hat.
Von beiden Seiten lässt er sich gut führen, sowohl im Schritt wie auch im Trab, natürlich mit gewissem Abstand zum Menschen, frei neben ihm hergehend. Aus beiden Gangarten ist er mit einem Stimmkommando zu verlangsamen und anzuhalten, ohne dass der Mensch sich vor die Brust des Pferdes stemmen oder kräftig am Halfter oder an der Führkette zerren muss.
Im täglichen Umgang hat das Pferd seinen Menschen schon als Herdenboss kennen gelernt, der ruhig und lieb, aber auch konsequent ist.
Zur Vertrauensarbeit vom Boden aus gehört auch die Gewöhnung an die Gerte. Überall am Körper lässt sich das Pferd mit der Gerte oder auch mit der deutlich längeren Peitsche berühren, ohne in Panik zu geraten. Gelassen, aber voll auf seinen Ausbilder konzentriert steht das Pferd ruhig da.

Wir können anfangen!

Anlongieren

Geduld, Vorsicht und kleine Lernschritte

Kein Pferd hat das Wissen über die zukünftigen Longierwünsche des Menschen bereits mit der Fohlenmilch aufgesogen. Viele anfängliche Probleme resultieren daher, dass das Pferd den Menschen und seine Absichten nicht versteht. Hier sollte derjenige, der sich an die erste Longierausbildung eines jungen Pferdes macht, schon ein gewisses Maß an Erfahrung mit dem Longieren und mit unterschiedlichen Pferden mitbringen.

Wir haben es mit einem jungen Pferd zu tun. Erst mit sieben Jahren ist ein Pferd ganz ausgewachsen. Grundsätzlich ist immer an die Belastung der jungen, untrainierten Beine auf dem Kreisbogen zu denken. Ganz langsam steigert man die Dauer der Arbeit, angefangen bei zehn Minuten im Schritt und Trab.

Die *Basis*: Der Zirkel, Übergänge und Anhalten

Wir haben unserem vierbeinigen Longier-Anfänger den Kappzaum aufgelegt und führen ihn an der kurzgefassten Longe zum Longierplatz. Eine Trense ist zunächst nicht nötig, wie auch kein Sattel oder ein Longiergurt. Die erste Lektion, die das Pferd lernen muss, ist, im Abstand von ca. 6 bis 8 Metern im Kreis um den Ausbilder zu gehen, fleißig, aber ohne Hektik. Dazu wählt man wieder als Erstes die bessere Seite des Pferdes, das heißt die, wohin sich das Pferd leichter biegt. Meist ist es die Seite ohne oder mit deutlich weniger Mähne.

Mit Unterstützung durch einen fachkundigen Helfer

Am sinnvollsten ist es, wenn bei den allerersten 2–3 Malen der Longenarbeit ein fachkundiger Helfer mitmacht. Dieser übernimmt die Führung des Pferdes an der Longe. Er steht in der Mitte des Zirkels, dreht sich auf einem kleinen Kreis mit und ist dafür verantwortlich, die Verbindung zum Pferd über den Kappzaum gleichmäßig leicht anstehend zu halten, damit der Zirkel von vornherein möglichst rund wird. Wird das Pferd auf der linken Hand gearbeitet, so hat er die Longe mit der Verbindung zum Pferd in der linken Hand, die aufgerollten Schlingen der restlichen Longe in der rechten Hand.

Ⓦ Wichtig

Mehr Erfolg mit kleinen Lernschritten
Die wenigsten Jungpferde können sich zu Beginn der Ausbildungsarbeit länger als maximal 10 Minuten konzentrieren. Wenn wir also vernünftige und konzentrierte Zusammenarbeit von unserem Jungpferd verlangen, sollten wir unsere Arbeit jeweils im Guten beenden, bevor es wegen nachlassender Konzentrationsfähigkeit einfach nicht mehr ordentlich mitarbeiten kann. Dazu gehört, dass wir in kleinen Lernschritten vorgehen, die innerhalb so kurzer, aber intensiver Arbeitszeit erreichbar sind.

Anlongieren eines Jungpferdes: Ein fachkundiger Helfer steht in der Mitte und hält die Longe. Zwischen Helfer und Pferd geht ein anderer auf Höhe der Kruppe und fordert fleißigen Schritt oder Trab.

Der Helfer in der Mitte bezieht seine korrekte Longenposition, etwa auf Schulterhöhe des Pferdes. Man selbst führt das Pferd im ruhigen Schritt von ihm weg auf den Zirkel hinaus, hinter der Longe gehend. Die Peitsche wird zunächst noch nach hinten in der linken Hand gehalten. (Wir starten auf der linken Hand!) Dabei lässt der Helfer die Longe allmählich länger werden, immer mit stetigem, aber sanftem Kontakt, ohne dass die Longe durchhängt oder sogar auf dem Boden schleift. (Stolpergefahr für denjenigen, der das Pferd außen führt!)

Zunächst wird nur im Schritt gearbeitet. Für eine bis zwei Runden verbleibt man neben dem Kopf des Pferdes und geht die äußere Kreislinie dort mit. Allmählich entfernt man sich von dort mehr zur Kruppe des Pferdes und etwa auf die Hälfte des Abstandes zwischen Pferd und Longenhalter. Die Peitsche wird hinter dem Rücken entlang herumgeführt und in die rechte Hand genommen. Nahe der Kruppe des Pferdes wird sie dann treibend auf Höhe des Sprunggelenks gehalten.

Mit energischen Schritten geht man an dieser Position mit im Kreis, das Pferd vor sich hertreibend. Geführt wird es dabei vom Longenhalter in der Zirkelmitte, der sich bemühen muss, das Pferd wirklich auf einem gleichmäßig runden Kreis zu steuern.

Im Idealfall geht das Pferd fleißig im Schritt voran, ohne zu latschen oder zu hetzen. Hier ist ein gewisses Fingerspitzengefühl notwendig, das richtige Maß für das Treiben zu finden, um den Fleiß zu fördern, aber keine Panik wegen der Peitsche oder der dominanten Führposition aufkommen zu lassen. Vom Treibenden wird hierbei natürlich auch eine gewisse sportliche Fitness verlangt, denn er muss zügig, flüssig und ebenfalls in einem konstanten Kreis mitgehen.

Falls das Pferd zu sehr nach innen drängelt, Richtung Longenhalter, so muss der Treiber sich mehr zum Kopf des Pferdes ausrichten, um das Pferd wieder nach außen zu bringen. Zwischen Pferd und Longenhalter bewegt er sich also an den verschiedenen Longierpositionen, um zu erreichen, dass das Pferd allmählich versteht, dass es auf dem äußeren Zirkel gehen soll. Wenn das Pferd verstanden hat und relativ gleichmäßig auf dem Zirkel geht, so wird vorsichtig vermehrt getrieben, um zum Trab zu kommen. Nach guter vorbereitender Bodenarbeit sollte dies mit der Stimme fast schon gelingen, sonst hilft man mit der leicht angehobenen Peitsche nach. Bei korrekter Reaktion des Pferdes muss richtig gelobt werden. Nach einigen Runden im Trab wird vorsichtig wieder zum Schritt durchpariert, mit der Stimme und möglicherweise verstärkt durch Klingeln oder Zupfen am Kappzaum. Der Treibende muss sich dazu vielleicht etwas mehr vom Pferd entfernen und zurückbleiben. Wichtig ist, dass das Pferd eindeutig versteht, was es soll.

Dasselbe wird noch ein- bis zweimal geübt. Hierbei versucht der Treibende, sich allmählich mehr zum Longenhalter anzunähern und dabei vom Pferd zu entfernen. Ziel ist es, dass der Longenhalter dann auch die Peitsche übernehmen kann, um in Zukunft das Pferd allein zu arbeiten. Bis dahin können je nach Pferd einige Tage mit regelmäßigem Üben vergehen.

Wenn diese ersten Lektionen auf der „besseren" Hand gelungen sind, wird das Pferd vorsichtig außen auf der Zirkellinie angehalten, um dann die Hand zu wechseln.

Dazu kommt auch der Longenhalter zum Pferd auf die Zirkellinie heraus. Vom Treibenden wird das Pferd außen in einem kleinen Kreis gewendet. Der Longenhalter nimmt anschließend wieder seinen Platz in der Mitte des Zirkels ein, die Longe korrekt haltend. Der Treiber führt das Pferd auch auf der neuen Hand zunächst am Kopf ein bis zwei Runden. Dann geht er wieder zu seiner treibenden Position nah der Kruppe, zwischen Longenhalter und Pferd, die Peitsche etwas hinter das Pferd haltend. Es werden wieder einige

T Tipp

Eine Sollbruchstelle einbauen – Einmachgummis

Pferde können in Panik geraten, wenn zum ersten Mal Ausbinder oder andere Hilfszügel verwendet werden. Natürlich verschnallt man daher alle Hilfszügel beim ersten Mal sehr lang!

Zur Sicherheit wird bei den ersten Malen einfach ein Einmachgummi dort dazwischengesetzt, wo der Ausbinder am Sattel oder Longiergurt befestigt wird: ein einfaches Einmachgummi, wie es bei großen Einmachgläsern verwendet wird. So ergibt sich eine billige und effektive Sollbruchstelle, wenn das Longier-Anfängerpferd sich doch erschreckt. Sobald der Vierbeiner sich gelassen in die Verschnallung fügt und vertrauensvoll ruhig mitarbeitet, lässt man das Gummi weg.

Hier ist ein Gummi als Sollbruchstelle in den Ausbinder eingebaut.

Übergänge Schritt – Trab und Trab – Schritt gefordert, natürlich mit klaren und deutlichen Kommandos und ganz viel Lob, wenn das Pferd richtig reagiert. Zum Abschluss folgt noch ein Anhalten auf der äußeren Zirkellinie.

Ohne Unterstützung durch einen Helfer

Wenn ich keinen fachkundigen Helfer habe, der die Rolle des Longenhalters oder des Treibenden einnimmt, so muss ich mein Pferd alleine dazu bringen, die äußere Zirkellinie einzuhalten. Entscheidend dabei ist es, reaktionsschnell immer die richtige Position zum Pferd einzunehmen, um es regelmäßig von hinten zu treiben, auf einem annähernd gleichmäßig runden Zirkel zu halten und im Tempo zu regulieren. Ich muss also die Aufgabe des Longenhalters und des Treibers beide übernehmen.

Anders als bei einem an der Longe schon gut ausgebildeten Pferd bleibe ich näher am Pferd, nahe der Kruppe in treibender Position und muss deshalb einen recht großen inneren gleichmäßigen Zirkel mitgehen.

Erste Übergänge

Bei den ersten Übergängen vom Schritt zum Trab kann man in der Regel kein harmonisches, sanftes Gleiten in die nächste Gangart erwarten. Einige Pferde hüpfen fast in den Trab und rennen erst einmal etwas hektisch los. Andererseits erfolgt der Übergang Trab zum Schritt zu Anfang stockend. Es darf einen Moment dauern, bis das Pferd wieder Schritt geht. Meist stockt es dann erst in dieser Gangart und man muss sofort mehr treiben, bis der Schritt wieder fleißig ist.

Noch mehr Neues: Kennenlernen von *Gurt* und *Sattel*

Für die ersten drei bis fünf Male Longenarbeit wird das Pferd nur mit dem Kappzaum ausgerüstet. Bei einem halterführigen Pferd dürfte das nicht zu problematisch sein. Wichtig ist hierbei, dass der Kappzaum wirklich stramm geschnallt wird, um nicht auf der Nase zu verrutschen oder sogar mit den Backenstücken jeweils zu nahe zu kommen. Ist das Pferd nach einigen Tagen regelmäßiger Übung mit den ersten einfachen Longierlektionen und

Anlongieren eines Jungpferdes

Das erste Satteln: Ein Hilfer hält das Pferd.   *Zügig und ruhig wird der Sattel aufgelegt ...*   *und sanft gegurtet.*

  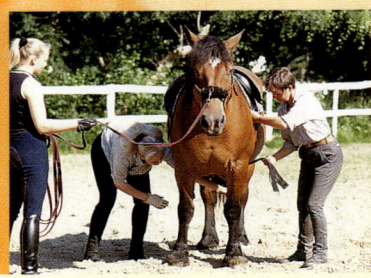

diesem neuen Training vertraut, so kann man als Nächstes einen Longiergurt auflegen. Vielen Pferden fällt es leichter, sich erst einmal mit der leichteren Gurtung des Longiergurtes abzufinden, bevor dann nach einigen weiteren Tagen dieser durch einen Sattel ersetzt wird. Wie schnell man dabei vorgeht oder wie langsam und behutsam man arbeitet, hängt natürlich auch vom Pferd ab. Kleine Angsthasen können schon mit einem leichten Longiergurt auf einmal vor Schreck nicht mehr laufen oder buckeln wie wilde Rodeo-Pferde. Meist ist der Zauber nach ein bis zwei Runden für diesen Tag ausgestanden, kann aber für einige Zeit wiederkehren.

Selten gelingt es sofort, dem erschreckten Rasen Einhalt zu gebieten. Zum Schutz der Beine sollte aber möglichst schnell wieder Schritt oder Trab erreicht werden. Nach kurzer Beruhigung und Entspannung im Schritt kann man das Pferd auch wieder antraben lassen. Bei hektischen Pferden muss eine Gewöhnungsphase mit viel Schritt und Halt eingebaut werden. Das beruhigt und schafft bald eine lockere Atmosphäre.

Andere Pferdetypen scheinen den ungewohnten Sattel auf dem Rücken dagegen kaum zu bemerken.
Beim erstmaligen Auflegen des Gurtes oder des Sattels braucht man einen mit dem Pferd vertrauten Helfer. Nach einigen Minuten Longierarbeit, mit einigen Schritt – Trab – Übergängen ohne Gurt oder Sattel hält man das Pferd wieder an und lässt es stehen bleiben. Ganz in Ruhe zeigt der Helfer dem Pferd den Gurt oder den Sattel und legt ihn dann behutsam auf.
Es wird sanft gegurtet, nicht zu stramm, aber auch nicht zu locker, so dass der Sattel nicht möglicherweise halb vom Pferd rutschen kann.
Beim ersten Auflegen von Gurt oder Sattel sollte man auch an die Sicherheit der beteiligten Menschen denken: Man wählt einen rundum freien Platz etwa in der Mitte des Longierplatzes. Nur so wird sicher verhindert, dass man möglicherweise in die Enge zwischen Pferd und Bande, Wand oder Zaun gerät, wenn das Pferd sich doch zur Seite wegdreht oder einen unbedachten Schritt unternimmt.
Alles erfolgt sachlich und ruhig, aber zügig.

Nicht wie ein Schnürpaket: Gewöhnung an die Ausbinder

Nachdem unser Schüler die ersten Grundbegriffe kennt und sich an den Longiergurt oder den Sattel gewöhnt hat, sollte er zusätzlich zum Kappzaum mit einer normalen einfach oder doppelt gebrochenen Trense ausgerüstet werden. Jetzt ist es an der Zeit, ihn mit Ausbindern vertraut zu machen als Vorbereitung für die spätere Zügelführung beim Reiten oder Fahren.

Die Longenarbeit beginnt wieder mit einigen Runden ruhiger, aber fleißiger Schritt- und Trabarbeit, zuerst auf der besseren Hand. Dann lässt man das Pferd anhalten und geht zum Pferd, um die Ausbinder einzuschnallen. Dafür wählen wir noch nicht die passende korrekte Länge, sondern lassen sie so lang wie möglich. Das Pferd soll sich ohne Stress und Verschnürungsangst vertrauensvoll daran gewöhnen. Natürlich dürfen die Ausbinder andererseits nicht so lang sein, dass das Pferd darauf bzw. hineintreten kann. Nachdem die Ausbinder eingeschnallt wurden, arbeitet man ganz normal weiter: gute Schritt – Trab – Übergänge, Anhalten, Handwechsel. Ziel ist es, dass das Pferd jetzt kennen lernt, dass da etwas im Maul ist, mit dem man sich auseinander setzen kann. Junge unverdorbene Pferde probieren es richtig aus: kauen, gegen den Zügel angehen, wieder locker lassen, schwenken den Kopf hin und her.

Check

Das erste Auflegen des Sattels

- Man wählt einen rundum freien Platz etwa in der Mitte des Longierplatzes.

- Nur so wird sicher verhindert, dass Helfer in die Enge zwischen Pferd und Bande, Wand oder Zaun geraten, wenn das Pferd sich doch zur Seite wegdreht oder einen unbedachten Schritt tut.

- Alle Helfer tragen hufesichere Schuhe.

- Das sichere Hochschnallen der Steigbügel, das Einkammern der Satteldecke oder die Wahl eines Gurtes in richtiger Länge ist bereits erfolgt, bevor man den Sattel auf das Pferd legt.

- Das Pferd wird ruhig, aber zügig gesattelt, von erfahrenen Helfern, die das Pferd bereits kennt und denen es vertraut.

Die ersten drei bis fünf Male der Longenarbeit mit den neuen Ausbindern lässt man diese noch möglichst lang. Ganz allmählich verkürzt man sie Stück für Stück, um dazu zu kommen, dass das Pferd lernt, sich sanft daran anzulehnen, bei korrekter Vorwärts-abwärts-Dehnungshaltung. Nachdem das Pferd sich also auch an die Ausbinder gewöhnt und gelernt hat, regelmäßig auf dem Zirkel zu gehen, fängt man an, weitere Lektionen in die Longenarbeit einzubauen: Zirkel verkleinern und vergrößern, Arbeit auf der ganzen Bahn, alle Möglichkeiten der Übergänge, über Stangen treten lassen etc.

Zum Weiterlesen

Bücher

Bartz, Jürgen:
Bis der Tierarzt kommt. Erste Hilfe für Pferde. Kosmos Verlag, Stuttgart 2001.

Braun / Borelle:
Bea Borelles Pferdetraining. Bewusst – befähigt – begeistert. Kosmos Verlag, Stuttgart 2002.

Gohl, Christiane:
Was der Stallmeister noch wusste: Neue Tipps rund ums Reiten. Kosmos Verlag, Stuttgart 2002.

Gohl, Christiane:
Pferde verstehen. Im Umgang und beim Reiten: Körpersprache richtig deuten. Kosmos Verlag, Stuttgart 2001.

Hinrichs, Richard:
Pferde schulen an der Hand. Wege zum Lösen und Versammeln. Kosmos Verlag, Stuttgart 1999.

Hoffmann, Marlit:
Marlit Hoffmanns Trickkiste. Profi-Tipps zum besseren Reiten. Kosmos Verlag, Stuttgart 2000.

Penquitt, Nathalie:
Nathalie Penquitts Pferdeschule. Zauber der Verständigung. Kosmos Verlag, Stuttgart 1996.

Podhajsky, Alois:
Die Klassische Reitkunst. Reitlehre von den Anfängen bis zur Vollendung. Kosmos Verlag, Stuttgart 1998.

Schmid-Neuhaus, Angelika:
Das große Fitnessprogramm für Pferde. Die drei Elemente zum Erfolg; Massage, gelöstes Reiten, Sattelcheck. Kosmos Verlag, Stuttgart 2000.

Schwaiger, Susanne:
Persönlichkeitstraining mit Pferden. Das Praxisbuch. Kosmos Verlag, Stuttgart 2001.

Nützliche Adressen

Deutsche Reiterliche Vereinigung (FN)
Freiherr-von-Langen-Str. 13
48231 Warendorf
Tel. 02581-63620
Fax 02581-62144
fn@fn-dokr.de
www.fn-dokr.de

FS Reit-Zentrum Reken
Frankenstr. 37
48734 Reken
Tel. 02864-2434
Fax 02864-5860
fs.reitzentrum@t-online.de
www.fs-reitzentrum.de

TTEAM Deutschland
Bibi Degn
Hassel 4
57589 Pracht
Tel. 02682-88 86
Fax 02682-66 83
bibi@TTEAM.de

TTEAM Österreich
Ruth & Martin Lasser
Anningerstr. 18
A – 2353 Guntramsdorf
Tel. 02236-47 000
Fax 02236-47 070
tteam.office@aon.at

TTEAM Schweiz
Doris Süess-Schröttle
Mascot Ausbildungszentrum AG
CH – 8566 Neuwilen
Tel. 071-69 91 825
Fax 071-69 91 827
learn@mascot-ausbildung.ch

Vereinigung der Freizeitreiter in Deutschland e.V. (VFD)
Am Bauernwald 5b
81739 München
Tel. 0171-4201521
Fax 089-60608123
bundesvorstand@vfdnet.de
www.vfdnet.de

Register

anhalten 35, 56
Anlehnung 46
Anlehnungsfehler 6, 46
anlongieren 55
Arbeitspause 9
Ausbildungsstand 9
Ausbinder 38
Ausbinderlänge 38
Ausrüstung 11
Außengalopp 42

Backenstücke 11
Bauchmuskeln 8
Biegung 42
Bodenarbeit 35, 55
Bosal 15
Brustwirbelsäule 5

Chambon 20

Dehnungshaltung 6, 35
Deutscher Kappzaum 12
Dornfortsätze 5, 7

Entzündungen 7

falscher Knick 19

Galopp 41
Galoppwechsel 37
Gamaschen 14
Ganaschen 11
Gebiss 14, 47
Gehorsam 29
Genick 8
Gogue 20
Grundgangarten 39

Gummitrense 15
Gurt 59
Gymnastik 5
gymnastizieren 5
Gymnastizierung 13, 18, 29

Hackamore 15
Halfter 13
Halsverlängerer 18
Haltungsfehler 19
Handwechsel 36
Hilfen 13, 23
Hilfszügel 17

Islandkandare 15

Jochbein 13
Jungpferd 55

Kappzaum 11, 26
Kissing Spines 7, 9
Kommunikation 23
Körpersprache 24
Korrekturgebisse 15
Kreuzgalopp 42

Leistungsfähigkeit 29
Lektion 29
Lendenwirbelsäule 5
Lindel 15
Longe 17
Longiergurt 17
Longierzirkel 21
Losgelassenheit 6
LTJ-Stange 15

Nasenbügel 11
Nasenschoner 12
neutrale Position 24

Oberhalsmuskel 9

Parade 26
Pass 44
Peitsche 16, 27f.
Peitschenschnur 16
Pelham 15
Picadero 21
Plastikplane 53

Reifenbeet 53
Reithandschuhe 17
Round-Pen 21
Rückenbrücke 5
Rückenmuskel 6
Rückenschmerzen 7, 9

Sattel 17, 59
Schlaufzügel 19
Schnurgurt 18
Schritt 39
Schweiß 43
Selbsthaltung 39
Serreta 11, 13
Signale 26
Sollbruchstelle 58f.
Spanischer Kappzaum (Serreta) 11
Sperrhalfter 13
Stangen 52
Stimmkommando 36
Stirn-Nasen-Linie 8

Tierarzt 9
Tölt 44
Trab 40
Trabverstärkung 40
Trailhindernisse 53
treiben 28, 34

treibende Position 25
Trense 14
Trensengebiss 9
Trensenring 16

Übergänge 45, 56
untertreten 47

verbremsende Position 25
Verknöcherungen 7
verlangsamen 34
Verspannungen 9
Vosal 15

Widerrist 5
Wirbelkörper 5

Zäumungen 14
Zirkel 33, 56
Zügel 14

Impressum

Umschlag von eStudio Calamar unter Verwendung von 5 Farbfotos von M. Lins / Kosmos.
Mit 68 Farbfotos und 15 Illustrationen.

Alle Angaben in diesem Buch erfolgen nach bestem Wissen und Gewissen. Sorgfalt bei der Umsetzung ist dennoch geboten. Der Verlag, die Autorin und die Herausgeber übernehmen keinerlei Haftung für Personen-, Sach- oder Vermögensschäden, die aus der Anwendung der vorgestellten Materialien und Methoden entstehen könnten.

Die Deutsche Bibliothek –
CIP-Einheitsaufnahme
Ein Titelsatz für diese Publikation ist bei Der Deutschen Bibliothek erhältlich

Gedruckt auf chlorfrei gebleichtem Papier

2. völlig neu bearbeitete und neu bebebilderte Auflage 2002
© 1998, 2002, Franckh-Kosmos Verlags-GmbH & Co., Stuttgart
Alle Rechte vorbehalten
ISBN 3-440-09050-7
Redaktion: Katja Metzler
Gestaltungskonzept: eStudio Calamar
Gestaltung & Satz: Atelier Krohmer, Dettingen/Erms
Produktion: Kirsten Raue, Markus Schärtlein
Reproduktion: Repro Schmidt, Dornbirn
Printed in Germany / Imprimé en Allemagne
Druck und Bindung: Westermann Druck GmbH, Zwickau

Bildnachweis

Farbfotos: F. von Döring / Kosmos (S. 3 0., 6, 13, 49) G. Landau (S. 9). Alle anderen von M. Lins / Kosmos.

Alle Illustrationen von Cornelia Koller.

Informationen senden wir Ihnen gerne zu

Bücher · Kalender · Spiele
Experimentierkästen · CDs · Videos

Natur · Garten & Zimmerpflanzen ·
Heimtiere · Pferde & Reiten ·
Astronomie · Angeln & Jagd ·
Eisenbahn & Nutzfahrzeuge ·
Kinder & Jugend

KOSMOS

Postfach 10 60 11
D-70049 Stuttgart
TELEFON +49 (0)711-2191-0
FAX +49 (0)711-2191-422
WEB www.kosmos.de
E-MAIL info@kosmos.de